기본 단어부터 중급 단어까지~ 기억에 착! 실력도 쑥쑥!

착! 붙는
태국어
단어장

저 피무

시사 Books

머리말

"จงลงมือทำตั้งแต่ยังที่ไม่พร้อม" [쫑 롱므- 탐 땅때 양 티- 마이 프러-ㅁ]
"아직은 부족하다 생각될(준비되지 않았을) 때 시작하세요."

수년간 태국어 강의를 해 오며 가장 많이 받은 질문 중의 하나가 바로 "단어 공부는 어떻게 해야 하나요? 단어가 너무 안 외워져요."라는 말이었습니다. 저자 또한 태국에서 수학하며 항상 고민했던 부분으로 공감하며 경험을 토대로 이렇게 답을 드리고는 했습니다.

"쇼핑하실 때처럼 하세요!"

우리는 쇼핑을 할 때 꼼꼼히 비교하며 관심 있게 살펴봤던 물건을 오래 기억하곤 합니다. 태국어 단어도 마찬가지입니다. 쇼핑 목록처럼 관심 있게 한 단어 한 단어 꼼꼼히 눈으로 반복해서 읽어가다 보면, 자연스럽게 떠오르기 마련입니다.

태국어는 내가 공부하다 보았던 그 단어를 다시 만날 만큼 반복률이 높은 특성이 있습니다. 우리가 어렸을 적 하얀 연습장에 단어를 채워가면서 외우려고 스트레스 받았던 때와는 사뭇 다른 방법으로 단어들이 하나씩 외워질 것입니다. 또한 태국어는 단어 학습만 잘 이루어지면 말하기까지 수월하게 할 수 있는 언어입니다. 이 책은 여러분들의 단어 학습은 물론 태국어 학습의 부족함을 채워드릴 수 있는 발판이 될 수 있을 것입니다.

여러분, 부족하다 생각될 때가 바로 시작할 때입니다.

"จงลงมือทำตั้งแต่ยังที่ไม่พร้อม"

이 책이 나올 수 있게끔 아낌없는 노력을 해 주신 랭기지플러스 관계자 여러분, 그리고 바쁘신 중에도 이 책의 감수를 흔쾌히 맡아 주신 태국 쭐라롱껀대학교 태국어 어학센터의 **ดนัย พลอยพลาย** [다나이 플러-이플라-이] 교수님께 진심으로 감사드립니다.

저자 피무 **พี่หมู**

목차

:: 기본 단어부터 중급단어까지 다 질 수 있어요!

본 교재를 통해 태국어 FLEX 시험 뿐만 아니라 새롭게 시행되고 있는 태국어 특수외국어능력시험 A1~B2 수준인 필수 기초단어부터 정치, 경제, 환경 등의 중급 단어까지 익힐 수 있습니다. 기본 품사 어휘를 시작으로 사람, 일상, 대학과 회사를 거쳐 플렉스 시험을 대비하는 순으로 구성하여 보다 효율적으로 학습할 수 있도록 정리하였습니다.

:: 셀프 점검 & 실전 연습

단어 앞의 체크 박스에 외운 단어를 체크하며 점검해 볼 수 있습니다. 단어를 외울 때 한 번씩 따라 써 볼 수 있도록 하였습니다.

각 소주제마다 '연습문제'를 수록하여 학습한 내용을 스스로 점검할 수 있도록 하였습니다.

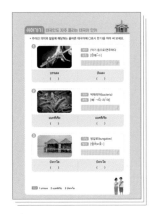

⠿ 쉬어 가기 코너

각 소주제를 마치며 '태국인도 자주 틀리는 태국어 단어' 코너를 마련했습니다. 태국어를 쓸 때 자칫 실수할 수도 있는 부분을 따로 모아 태국어 쓰기 학습에도 도움이 될 수 있도록 하였습니다.

⠿ MP3 파일 & 부록

원어민이 들려주는 발음을 통해 확실하게 단어를 익힐 수 있습니다. 발음과 성조 연습을 하면서 듣기 실력 또한 충분히 향상시킬 수 있습니다. 책에 있는 QR코드를 스캔하여 바로 들을 수 있으며, 랭기지플러스 홈페이지(www.sisabooks.com)를 통해 MP3 파일을 다운받을 수 있습니다.

부록으로 '주요 동음이형 단어'를 수록하여 발음과 성조는 같지만 형태가 다른 단어들을 학습할 수 있도록 하였습니다.

⠿ 동영상 강의와 함께하면 이해가 쏙쏙!

시사인강(www.onlinesisa.com)에서 저자의 '쑤쑤 태국어 단어' 직강으로 함께 단어를 학습한다면 지루하지 않고 재미있게 단어 학습을 하실 수 있습니다.

I

기본 품사 어휘

1 인칭과 존칭(비존칭) 표현 **2** 필수 10단어와 의문사

3 주요 조동사와 전치사 **4** 주요 수식사 **5** 접속사 **6** 분류사

☐ ผม	**ผมเป็นคนเกาหลีครับ** (남성) 저는 한국 사람입니다. **TIP** ผม은 남성의 1인칭대명사로서 처음 만나거나 공식적인 자리에서 주로 사용합니다.	나, 저(남성), 머리카락
☐ ดิฉัน	**ดิฉันเป็นคนไทยค่ะ** (여성) 저는 태국 사람입니다. **TIP** ดิฉัน은 여성의 1인칭대명사로서 처음 만나거나 공식적인 자리에서 주로 사용합니다.	나, 저(여성)
☐ คุณ	**คุณชื่ออะไรครับ** 당신은 이름이 뭐예요?	~님, 당신, 은혜
☐ ท่าน	**ท่านนี้เป็นหัวหน้าทีมค่ะ** 이 분은 팀장님입니다. **TIP** ท่าน은 주로 2인칭(당신)과 3인칭(그사람)의 경어체로 사용합니다.	당신, 분 (경어체)
☐ ฉัน(ชั้น)	**ฉันเป็นคนไทยค่ะ** 저는 태국 사람입니다. **TIP** ฉัน은 남, 녀 공용으로 사용이 가능한 1인칭 대명사입니다. ฉัน은 성조법상 4성이지만 인칭대명사로 사용될 경우 ชั้น처럼 3성으로도 발음합니다.	나, 저(남, 녀 공용)
☐ หนู	**หนูชื่อมะลิค่ะ** 제 이름은 말리입니다. **TIP** หนู는 주로 어린 여자아이의 1인칭대명사로 사용합니다.	저(어린아이의 1인칭 대명사), 쥐(동물)
☐ เธอ	**เธอเป็นอะไรเหรอครับ** 그녀에게 무슨 일이 생겼나요? **TIP** เธอ는 3인칭 대명사로 '그녀'의 의미 외에도 '너'라는 2인칭 대명사(회화체)로도 사용합니다.	그녀, 너

☐ แก	**แกไปกินข้าวกับใคร** 너 누구하고 밥 먹었어? **TIP** แก는 손 아래 사람이나 친한 사이에서 사용하는 2인칭 대명사입니다.	너(회화체)
☐ กู	**กูไม่ชอบกินข้าว** 나는 밥 먹는 걸 좋아하지 않는다. **TIP** กู는 비격식체로 '나'라는 1인칭 대명사입니다.	나(비격식)
☐ มึง	**มึงไปไหนมา** 너 어디 갔다 왔어? **TIP** มึง은 비격식체로 กู에 대응하는 '너'의 의미가 있는 2인칭 대명사입니다.	너(비격식)
☐ เขา(เค้า)	**เขาชอบกินข้าวกับไข่** 그는 계란하고 밥 먹는 것을 좋아한다. **TIP** เขา는 성조법상 4성으로 발음해야 하지만 인칭대명사로 사용될경우 เค้า처럼 3성으로도 발음합니다.	그사람(3인칭대명사), 뿔
☐ พวก	**พวกเราเป็นคนเกาหลีค่ะ** 우리들은 한국사람입니다. **TIP** พวก은 주로 인칭대명사와 또는 일부 명사와 함께 쓰여 '~들'처럼 복수를 나타냅니다.	무리, 집단
☐ ครับ	**คุณชื่ออะไรครับ** 당신 이름이 뭐예요?	(남성의 존칭어조사)
☐ ค่ะ	**ฉันชื่อน้ำค่ะ** 제 이름은 남이에요.	(여성의 평서문 존칭어조사)
☐ คะ	**คุณเป็นคนไทยหรือคะ** 당신은 태국사람이에요?	(여성의 의문문 존칭어조사)

□ นะครับ	**ผมเป็นคนเกาหลีนะครับ**	(남성의 친근함의 존칭어조사)
	저는 한국 사람입니다.	
	TIP 나는 친근함을 바탕으로 동사(구) 뒤에서 애원, 동의, 강제, 권유 등을 표시합니다.	

□ นะคะ	**คุณสั่งอะไรนะคะ**	(여성의 친근함의 존칭어조사)
	당신은 무엇을 주문하였나요?	

□ จ้ะ	**ยินดีด้วยจ้ะ**	(친근함의 어조사)
	축하해요.	
	TIP จ้ะ는 남성의 크랍 여성의 คะ에 해당하는 평서문의 어조사로서 매우 친한 경우에 사용합니다.	

□ จ๊ะ	**อะไรนะจ๊ะ**	(친근함의 어조사)
	뭐라고요?	
	TIP จ๊ะ는 남성의 크랍 여성의 คะ에 해당하는 의문문의 어조사로서 매우 친한 경우에 사용합니다.	

□ ว่ะ	**โคตรน่ากินเลยว่ะ**	(비격식 어조사)
	엄청 먹음직스럽네.	
	TIP ว่ะ는 남성의 크랍 여성의 คะ에 해당하는 평서문의 어조사로서 무례하고 격식이 낮은 표현입니다. 실제로 사용은 하지 마세요.	

□ วะ	**เป็นอะไรของมันวะ**	(비격식 어조사)
	대체 무슨 일이야?(왜그러는데?)	
	TIP วะ는 남성의 크랍 여성의 คะ에 해당하는 의문문의 어조사로서 무례하고 격식이 낮은 표현입니다. 실제로 사용은 하지 마세요.	

1 보기의 대명사를 알맞게 구분하여 괄호에 모두 써 보세요. [중복가능]

> **보기**
>
> ผม / ดิฉัน / คุณ / ท่าน / ฉัน / หนู / เธอ / แก / เขา

① 1인칭 대명사 (   )

② 2인칭 대명사 (   )

③ 3인칭 대명사 (   )

2 괄호에 들어갈 알맞은 어조사를 써 보세요.

① 저는 한국 사람입니다.
   ผมเป็นคนเกาหลี (   )

② 저는 태국 사람입니다.
   ดิฉันเป็นคนไทย (   )

3 다음 대화에서 빈칸에 들어갈 문장을 태국어로 써 보세요.

> _____
>
> 당신의 이름은 무엇입니까?

> **ฉันชื่อน้ำค่ะ**
> 제 이름은 남입니다.

● 주어진 의미와 발음에 해당하는 올바른 태국어에 ○표시 한 다음 따라 써 보세요.

①

의미 규칙, 규정

발음 [꼿]

กฎ
(　　)

กฎ
(　　)

②

의미 육상경기(스포츠)

발음 [끄리-타-]

กรีฑา
(　　)

กรีฑา
(　　)

③

의미 기타(악기)

발음 [끼-따-]

กีต้า
(　　)

กีตาร์
(　　)

정답 1 กฎ 2 กรีฑา 3 กีตาร์

☐ ไป	**ไปไหนกันดี** 어디 가는 게 좋을까?	가다

☐ มา	**มาเกาหลีเมื่อไหร่คะ** 한국에 언제 오셨어요?	오다

☐ กิน	**กินข้าวหรือยัง** 밥 먹었어? **TIP** 가인의 경어체로 '드시다'의 의미가 있는 ทาน을 사 용하기도 합니다.	먹다

☐ มี	**มีอะไรให้ช่วยไหมครับ** 뭐 도와드릴까요?(도와드릴 무언가가 있나요?)	소유하다, 가지다

☐ อยู่	**คุณพ่ออยู่ที่เกาหลีค่ะ** 아버지는 한국에 계세요(사세요). **TIP** อยู่는 동사의 뒤에서 '~하는 중이다'의 현재진행의 의미로도 사용합니다.	살다(거주 하다), 있 다

☐ ไม่	**ไม่อยากทำการบ้าน** 숙제를 하고 싶지 않아. **TIP** ไม่는 동사, 형용사, 부사를 부정합니다.	~지 않다 (부정화소)

☐ ไม่ใช่	**เขาไม่ใช่นักศึกษา** 그 사람은 대학생이 아니다. **TIP** ไม่ใช่는 명사, 대명사를 부정합니다.	~이 아니 다(부정화 소)

☐ จะ	**เราจะไปดูหนังกัน** 우리는 영화를 보러 갈 것이다.	~할 것이 다(미래조 동사)

กำลัง	ฉันกำลังเล่นมือถือค่ะ 저는 휴대폰을 하는 중입니다. **TIP** กำลัง은 동사의 앞에서 현재진행의 의미로 쓰이며, 명사로 '힘'이라는 의미가 있습니다.	~하는 중이다(현재진행조동사), 힘
แล้ว	ฉันกินข้าวแล้ว 저는 (이미) 밥을 먹었습니다. **TIP** แล้ว는 동사(구)의 뒤에서 '완료, 종결'의 의미로 사용되며, 절과 절 사이에서 접속사 '그리고, 그리고 나서'의 의미로도 쓰입니다.	(완료조동사), 그리고 나서(접속사)
ใคร	ใครเป็นเจ้าหน้าที่ครับ 누가 담당자(관계자)입니까?	누구, 누가(의문사)
เมื่อไร (เมื่อไหร่)	มีประชุมเมื่อไหร่คะ 언제 회의가 있어요? **TIP** เมื่อไร는 เมื่อไหร่(회화체)로도 사용할 수 있습니다.	언제(의문사)
ที่ไหน	บริษัทอยู่ที่ไหนครับ 회사는 어디에 있어요? **TIP** ที่ไหน에서 장소를 나타내는 ที่는 생략되는 경우가 많습니다.	어디, 어느 곳(의문사)
อะไร	มีเรื่องอะไรคะ 무슨 일 있어요?	무슨, 무엇(의문사)
อย่างไร (ยังไง)	ต้องใช้ยังไงครับ 어떻게 사용해야 해요? **TIP** อย่างไร는 ยังไง(회화체)로도 사용할 수 있습니다.	어떻게(의문사)

ทำไม	ทำไมมาสายคะ	왜(의문사)
	왜 늦게 오셨어요?	

ไหน	แผนกไหนครับ	어느(의문사)
	어느(어떤) 부서요?	

กี่	มากี่ท่านคะ	몇, 얼마 (의문사)
	몇 분 오셨어요?	
	TIP กี่는 항상 분류사(수량사)와 함께 사용해야 하므로 분류사를 잘 익혀야 합니다.(p.38)	

เท่าไร (เท่าไหร่)	ค่าบริการเท่าไหร่	얼마, 몇 (의문사)
	서비스 요금이 얼마예요?	
	TIP ค่าบริการ 서비스 요금(비용) เท่าไร는 เท่าไหร่(회화체)로도 사용할 수 있습니다.	

TIP

⊙ 태국의 어조사 중 쓰이는 상황과 의미에 따라 의문사의 역할을 하는 어조사도 있어요.

예 **แล้วเธอล่ะ** 그런데 너는? (ล่ะ가 물음의 역할)
อากาศดีนะ 날씨가 좋네 (그렇지?) (นะ가 동의를 구하는 물음의 역할)
อร่อยดีเนอะ 맛있다. 그렇지? (เนอะ가 동의를 구하는 물음의 역할)

이처럼 태국어의 어조사는 의문문을 만들 수도 있기 때문에 다양한 상황의 회화문을 많이 접해 보시기 바랍니다.

1 다음 보기에서 알맞은 단어를 찾아 빈칸에 써 보세요.

> **보기**
>
> ไม่ใช่ / แล้ว / ไป / จะ

① _____ไหนกันดี 어디 가는 게 좋을까?

② **เขา**_____**นักศึกษาค่ะ** 그 사람은 대학생이 아니에요.

③ **เรา**_____**ไปดูหนังกัน** 우리는 영화를 보러 갈 것이다.

④ **ฉันกินข้าว**_____ 저는 (이미) 밥을 먹었습니다.

2 다음에 알맞은 태국어 의문사를 연결하세요.

① 누가 •   • ⓐ **อะไร**

② 언제 •   • ⓑ **เท่าไร**

③ 어디 •   • ⓒ **กี่**

④ 무엇 •   • ⓓ **ใคร**

⑤ 어떻게 •   • ⓔ **ไหน**

⑥ 왜 •   • ⓕ **ที่ไหน**

⑦ 어느 •   • ⓖ **อย่างไร**

⑧ 몇 •   • ⓗ **เมื่อไร**

⑨ 얼마 •   • ⓘ **ทำไม**

1 (1) ไป (2) ไม่ใช่ (3) จะ (4) แล้ว
2 (1) ใคร (2) เมื่อไร (3) ที่ไหน (4) อะไร (5) อย่างไร (6) ทำไม (7) ไหน (8) กี่ (9) เท่าไร

● 주어진 의미와 발음에 해당하는 올바른 태국어에 ○표시 한 다음 따라 써 보세요.

의미 진주

발음 [카́이묵́]

ไข่มุก	ไข่มุข
( )	( )

의미 크리스마스

발음 [크́릿마─ㅅ]

คริสต์มาส	คริสตมาส
( )	( )

의미 클리닉

발음 [클́리닉́]

คลินิก	คลินิค
( )	( )

정답 **1** ไข่มุก 2. คริสต์มาส 3. คลินิก

3 주요 조동사와 전치사 Track 03

표현	예문	의미
☐ **เคย**	**คุณเคยไปประเทศเกาหลีไหมครับ** 당신은 한국에 가 본 적이 있어요?	~해본 적 이있다(경 험조동사)
☐ **ต้อง**	**ฉันต้องทำการบ้านก่อนค่ะ** 저는 숙제를 먼저 해야 합니다.	~해야한다 (의무조동 사)
☐ **ควร**	**ควรทำยังไงดีครับ** 어떻게 해야 좋을까요?	~(해야)마 땅하다, 적 당하다
☐ **อาจ(จะ)**	**พ่ออาจจะกลับมาคืนนี้ค่ะ** 아빠는 아마도 오늘 밤에 돌아오실 거에요. **TIP** อาจ(จะ)는 약 50%의 확률로 추측을 할 때 사용합니다.	~일 것이 다(추측조 동사)
☐ **คง(จะ)**	**ถ้าเธอกลับมาฉันก็คงจะดีใจครับ** 만약 그녀가 돌아오면 저는 (분명) 기쁠 거예요. **TIP** คง(จะ)는 약 70~80%의 확률로 추측을 할 때 사용합니다.	~일 것이 다(추측조 동사)
☐ **น่าจะ**	**งานน่าจะเยอะนะ** 일이 아마도 많을 거야. **TIP** น่าจะ는 확률과 상관없이 주관적인 추측을 할 때 사용합니다. 이때 จะ는 생략을 하지 않는 것이 일반적입니다.	~일 것이 다(추측조 동사)
☐ **อยาก**	**อยากกินอาหารไทยมากค่ะ** 태국 음식을 너무 먹고 싶어요.	~하고 싶 다, 바라다
☐ **ได้**	**ผมเล่นเปียโนได้ครับ** 저도 피아노를 칠 수 있어요. **TIP** ได้는 동사(구)의 뒤에서 가능이나 허락을 나타냅니다.	~할 수 있 다(가능조 동사), 얻 다, 획득하 다

20

☐ **เป็น**	**ฉันเล่นเปียโนเป็นค่ะ** 저는 피아노를 칠 줄 알아요.(잘 쳐요) **TIP** เป็น은 명사를 수반하지 않는 동사(구)의 뒤에 사용 되면 능숙함을 나타내는 가능의 의미로 사용됩니다.	~할 줄 알 다, ~이다, ~로(으로), (질병 등 에) 걸리다
☐ **ไหว**	**หนูเล่นเปียโนไม่ไหวค่ะ** 저는 피아노를 (더이상) 칠 수 없어요.	(심리, 육 체적 지속 이나 계속) 할 수 있 다, 진동하 다
☐ **ตั้งแต่**	**คุณเรียนภาษาไทยมาตั้งแต่เมื่อไรครับ** 당신은 태국어를 언제부터 배웠어요?	~부터(시 간)
☐ **(จน)ถึง**	**ผมจะอยู่ที่นี่จนถึง2ทุ่ม** 저는 저녁8시까지 여기에 있을 거예요.	~까지(시 간, 장소), 도착하다, ~일지라도
☐ **ใน**	**เขายังอยู่ในห้องน้ำค่ะ** 그 사람은 아직 화장실에 있어요.	~(안)에(시 간, 장소)
☐ **นอก**	**เขายืนอยู่นอกห้องประชุมครับ** 그 사람은 회의실 밖에 서 있습니다.	~바깥에 (외에)
☐ **เวลา**	**ผมส่งการบ้านตรงเวลาครับ** 저는 제 시간에(늦지 않게) 숙제를 보냈습니다.	시간, ~할 때
☐ **ช่วง**	**ในช่วงฤดูฝนก็อากาศร้อนเช่นเดียวกัน** 우기에도 날씨가 더운 건 마찬가지이다.	기간, 시기

ตอน	เธอจะไปทำงานตอนไหน	เธอจะไปทำงานตอนไหน	때(시간)
	너 일하러(출근) 언제 갈(할)거야?		
	TIP ตอน은 주로 하루 중의 시간(오전, 오후, 저녁 등)과 함께 사용합니다.		

ก่อน	ฉันขอไปก่อนนะคะ	먼저, ~전에
	저 먼저 가 보겠습니다.	

หลัง	ผมจะไปหาคุณหลังกินข้าวครับ	~후에(뒤에), 등, 뒤
	저는 식사 후에 당신을 만나러 가겠습니다.	

ระหว่าง	น้องนั่งอยู่ระหว่างพ่อกับแม่	~사이, ~동안, 기간 (시기)
	동생은 엄마와 아빠 사이에 앉아있다.	

ประมาณ	โปรเจกต์นี้ใช้เวลาประมาณ 4 ชั่วโมง	대략, 어림잡다
	이 프로젝트는 대략 4시간 정도 걸린다.	
	TIP 동의어 ราว ๆ	

ตลอด	ฉันกินกาแฟนี้ตลอดค่ะ	언제나, 늘, 내내
	저는 항상 이 커피를 마셔요.	

ณ	พิธีเริ่ม ณ บัดนี้	~에(서), ~의
	행사가 지금 시작한다.	
	TIP ณ는 시간이나 지점을 나타내는 전치사로 쓰이기도 합니다.	

จาก	วันนี้จะเริ่มจากหน้า 15	~에서(부터)
	오늘 15페이지부터 시작할 것이다.	

☐ ที่	**คุณเป็นคนที่ไหนครับ** 당신은 어디(어느 나라) 사람이에요?	~에(서), 곳(장소)
☐ แห่ง	**ภูเก็ตมีโรงแรมหลายแห่ง** 푸켓에는 호텔이 여러 곳 있다.	장소, 위 치, ~의(소 유격)
☐ ของ	**คนนี้เป็นแฟนของฉันค่ะ** 이 사람은 저의 애인이에요.	~의(소유 격), 물건
☐ แก่	**ยายให้ดอกไม้แก่คุณแม่** 할머니께서 어머니에게 꽃을 주셨다.	~에게, 성 숙하다(익 다)
☐ ให้	**ผมให้ขนมกับเพื่อนครับ** 저는 친구에게 과자를 주었습니다.	~에게, 주 다, ~하게 하다(사 역), ~하게 (부사화소)
☐ กับ	**โรคนี้เกิดกับคนชราบ่อยๆ** 이 병은 노년층에게 자주 발생한다.	~와(함께), ~에게
☐ แด่	**คุณพ่อถวายของแห้งแด่พระ** 아버지가 스님께 건어물을 드렸다. **TIP** ถวาย 봉헌하다, 헌상하다	~께(경어 체)
☐ ต่อ	**แม่บอกว่าผักดีต่อสุขภาพครับ** 엄마는 채소가 건강에 좋다고 말씀하셨어요.	~에, 연결 하다, 계속
☐ โดย	**เรื่องนี้ถูกแต่งโดยคุณย่าค่ะ** 이 이야기는 할머니에 의해 지어졌어요. (할머니께서 지으셨어요)	~에 의해, ~로, ~로 서(수단)

☐ ด้วย	**น้ำประกอบด้วยสามสิ่งนี้** 물은 이 세가지로 이루어져 있다.	~로(써), ~를(을)가지고, ~도 또한
☐ ตาม	**พูดตามครูสิคะ** 선생님을 따라서 말하세요.	따라서 ~하다, ~에 따라
☐ นอกจาก	**นอกจากเขาเป็นคนดี เขายังร่ำรวยอีกด้วย** 그 사람은 좋은 사람일 뿐만 아니라 부자이기도 하다.	~외에도, ~을 제외하고
☐ ยกเว้น	**คุณดีทุกอย่างยกเว้นความขี้เกียจครับ** 당신은 게으름 빼고는 다 좋습니다.	제외하다
☐ เกี่ยวกับ	**ละครเรื่องนี้เกี่ยวกับนางฟ้าค่ะ** 이 드라마는 천사에 관한 드라마입니다. **TIP** เกี่ยว (벼 따위를)베다, 자르다	~과 관련하여(관한)
☐ เหมือนกับ	**งานก็ยากเหมือนกับความรักครับ** 일도 사랑만큼(처럼) 어렵습니다.	~와 같다
☐ เท่ากับ	**สองบวกสองเท่ากับสี่ค่ะ** 2 더하기 2는 4입니다.	~와 같다, 동등하다

1 다음 보기에서 알맞은 단어를 찾아 빈칸에 써 보세요.

> 보기
>
> ไหว / หลัง / เคย / อาจจะ / ของ

(1) คุณ_____ไปประเทศเกาหลีไหมครับ 당신은 한국에 가 본 적이 있어요?

(2) พ่อ_____กลับมาคืนนี้ค่ะ 아빠는 아마도 오늘 밤에 돌아오실 거에요.

(3) หนูเล่นเปียโนไม่_____ค่ะ 저는 피아노를 (더이상) 칠 수 없어요.

(4) ผมจะไปหาคุณ_____กินข้าวครับ 저는 식사 후에 당신을 만나러 가겠습니다.

(5) คนนี้เป็นแฟน_____ฉันค่ะ 이 사람은 저의 애인이에요.

2 다음 중 '~에게'의 의미가 있는 단어를 모두 찾아 써 보세요.

> 보기
>
> แด่ / ที่ / แก่ / ตลอด / ให้ / กับ

_____

3 다음 중 '아마도~일 것이다'의 의미가 있는 단어를 모두 찾아 써 보세요.

> 보기
>
> ต้อง / คง / อยาก / น่าจะ / อาจ

_____

> 정답

1 (1) เคย (2) อาจจะ (3) ไหว (4) หลัง (5) ของ
2 แด่ / แก่ / ให้ / กับ   **3** คง / น่าจะ / อาจ

● 주어진 의미와 발음에 해당하는 올바른 태국어에 ○표시 한 다음 따라 써 보세요.

1

의미 코끼리 사육사

발음 [콰ー-ㄴ차ー-ㅇ]

ควานช้าง	ควาญช้าง
( )	( )

2

의미 칵테일(cocktail)

발음 [컥테ー-(우)]

ค็อกเทล	คอกเทล
( )	( )

3

의미 쿠키(cookie)

발음 [쿡까ー-]

คุ้กกี้	คุกกี้
( )	( )

정답 1 ควาญช้าง 2 ค็อกเทล 3 คุกกี้

4 주요 수식사

Track 04

☐ ทั้ง	**เธอทั้งสวยและผอมครับ** 그녀는 예쁘기도 하고 말랐어요.	모두, 전 부, 모든
☐ ทุก	**คุณทำได้ดีทุกอย่างครับ** 당신은 뭐든지 잘할 수 있어요.	매~, 모든
☐ ละ	**ขนมนี้แบ่งกันคนละ 5 ชิ้นค่ะ** 이 과자 한 명 당 다섯 조각씩 나누세요.	~당, ~마 다
☐ แต่ละ	**บ้านแต่ละบ้านมีเจ้าของไม่เหมือนกันครับ** 집마다 주인이 서로 다릅니다.	각~, 각각 의
☐ แค่	**แค่ได้เจอคุณฉันก็ดีใจแล้วค่ะ** 당신을 만난 것만으로도 기뻐요.	겨우~, 고 작, ~밖에
☐ แค่ไหน	**จากที่นี่ไปที่นั่นไกลแค่ไหนครับ** 여기서부터 거기까지 얼마나 멉니까?	어느정도 ~? 얼만큼 ~?
☐ ตั้ง	**วันนี้มีผู้ติดเชื้อตั้งห้าแสนคนค่ะ** 오늘 오십만 명이나 감염자가 발생했습니다.	~씩이나, 설치하다, 세우다
☐ ต่าง	**รถกับรถไฟมีความต่างกันครับ** 자동차와 기차는 차이점이 있습니다.	다른~, 제 각기, 각각 (분할)
☐ ต่าง ๆ	**งานนี้มีคนเข้าร่วมจากประเทศต่าง ๆ ค่ะ** 이 행사는 여러 나라에서 온 참가자가 있습니다.	갖가지의, 각종의

Ⅰ. 기본 품사 어휘 **27**

โดยสิ้นเชิง	พี่กับฉันต่างกันโดยสิ้นเชิงครับ	완전히, 모조리, 온통
	형하고 저는 완전히 달라요.	
โดยทั่วไป	โดยทั่วไปคนไทยจะไม่ใส่ชุดแบบนี้ค่ะ	일반적으로, 널리
	태국 사람들은 보통(일반적으로) 이런 옷을 입지 않아요.	
โดยตรง	คุณสามารถคุยโดยตรงกับเขาผ่านโทรศัพท์ครับ	직접, 곧장
	당신은 그 사람과 전화로 직접 대화(통화)하실 수 있습니다.	
โดยเฉพาะ	ผมชอบอาหารร้านนี้โดยเฉพาะไก่ทอดครับ	특히, 특별히
	저는 이 가게 음식 특히 후라이드 치킨을 좋아합니다.	
แต่เดิม	แต่เดิมเราก็เหมือนสัตว์ทั่วไปค่ะ	본래, 애초에
	애초에 우리는 평범한 동물과도 같았어요.	
เป็นอันมาก	คุณยายชอบหนังสือเล่มนี้เป็นอันมากครับ	대단히, 매우 많다
	할머니께서는 이 책을 대단히 좋아하세요.	
อย่างไรก็ตาม	อย่างไรก็ตามเขาก็ไม่กลับมาค่ะ	그렇지만, 어쨌든, 하여튼
	어쨌든 그 사람은 돌아오지 않았어요.	
ดังต่อไปนี้	จงแก้ปัญหาดังต่อไปนี้ครับ	다음과 같이, 아래와 같이
	다음(과 같은) 문제를 해결하십시오.	
ดังกล่าว	ข้อความดังกล่าวไม่สามารถแปลได้ค่ะ	위와 같이, 언급한 바와 같이
	위와 같은 메시지는 번역할 수 없습니다.	

□ สุดท้าย	ซอยนี้เป็นซอยสุดท้ายค่ะ 이 골목은 마지막 골목입니다.	마지막, 최 종
□ ส่วนใหญ่	คนเกาหลีส่วนใหญ่ชอบกินเผ็ดครับ 한국 사람들은 대부분 맵게 먹는 것을 좋아합니다.	대부분, 주 로
□ เต็มที่	คุณเล่นได้เต็มที่ค่ะ 당신은 마음껏 놀 수(즐길 수) 있습니다.	전력을 다 해~, 최선 을 다해~
□ พร้อมกัน	ไปเรียนพร้อมกันไหมครับ 같이 공부하러 갈래요?	동시에, 같 이, 함께
□ รวมทั้ง	ผู้จัดการรวมทั้งพนักงานได้มาร่วม ประชุมกันค่ะ 직원을 비롯하여 매니저도 회의에 참석했습니다.	~을 포함 하다

1 다음 보기에서 알맞은 단어를 찾아 빈칸에 써 보세요.

> **보기**
>
> ทั้ง / ทุก / ละ / แค่ / ตั้ง / ต่าง

(1) **รถกับรถไฟมีความ**_____**กันค่ะ** 자동차와 기차는 차이점이 있습니다.

(2) **ขนมนี้แบ่งกันคน**_____ **5 ชิ้นค่ะ** 이 과자 한 명 당 다섯 조각씩 나누세요.

(3) _____**ได้เจอคุณฉันก็ดีใจแล้วค่ะ** 당신을 만난 것만으로도 기뻐요.

(4) **วันนี้มีผู้ติดเชื้อ**_____**ห้าแสนคนวค่ะ** 오늘 오십만 명이나 감염자가 발생했습니다.

(5) **คุณทำได้ดี**_____**อย่างครับ** 당신은 뭐든지 잘할 수 있어요.

(6) **เธอ**_____**สวยและผอมครับ** 그녀는 예쁘기도 하고 말랐어요.

2 다음에 알맞은 태국어의 수식사를 연결하세요.

(1) 일반적으로, 널리 •		• ดังกล่าว
(2) 특히, 특별히 •		• ส่วนใหญ่
(3) 어쨌든, 하여튼 •		• เต็มที่
(4) 위와 같이 •		• โดยเฉพาะ
(5) 대부분, 주로 •		• โดยทั่วไป
(6) 전력을 다해, 최선을 다해 •		• อย่างไรก็ตาม

1 (1) ต่าง (2) ละ (3) แค่ (4) ตั้ง (5) ทุก (6) ทั้ง
2 (1) โดยทั่วไป (2) โดยเฉพาะ (3) อย่างไรก็ตาม (4) ดังกล่าว (5) ส่วนใหญ่ (6) เต็มที่

● 주어진 의미와 발음에 해당하는 올바른 태국어에 ○표시 한 다음 따라 써 보세요.

1

의미 화장품

발음 [크르-앙 쌈아-ㅇ]

เครื่องสำอาง	เครื่องสำอางค์
( )	( )

2

의미 혼수상태(coma)

발음 [코-마-]

โคมา	โคม่า
( )	( )

3

의미 할당액, 할당량

발음 [코-우따-]

โควตา	โควต้า
( )	( )

정답 1 เครื่องสำอาง 2 โคม่า 3 โควตา

☐ และ	เขาและฉันเป็นคู่กันมาสิบปีค่ะ	그리고
	그 사람과 저는 사귄 지 10년 되었어요.	

☐ แต่	เขาอยากไปแต่ไม่ว่างค่ะ	하지만, 그러나
	그는 가고 싶었지만 한가하지 않습니다.	

☐ หรือ	ผมทำเองหรือคุณจะช่วยผมครับ	또는(혹은), ~나 (이나)
	제가 직접 할까요 아니면 당신이 저를 도와주시겠어요?	

☐ ก็	เขาก็ชอบไปเที่ยวเหมือนกันครับ	~도(또한), ~면, 그래서~
	그 사람도 여행가는 것을 좋아해요.	

☐ พอ	พอเขาเริ่มเราก็ต้องหยุดค่ะ	~할 때, ~하자마자, 충분(만족)하다
	그 사람이 시작했을 때(시작하면) 우리는 멈춰야 합니다.	

☐ เมื่อ	เราจะไปที่นั่นเมื่อคุณเตรียมตัวเสร็จครับ	~할 때
	당신이 준비를 마쳤을 때 우리가 거기로 가겠습니다.	

☐ หลังจากที่	หลังจากที่ทำอาหารควรล้างจานค่ะ	~한 후에
	요리를 한 뒤에 설거지를 해야합니다.	

☐ ก่อนที่	ก่อนที่จะไปกินอะไรสักหน่อยครับ	~하기 전에
	가기 전에 뭐 좀 드세요.	

☐ เมื่อก่อน	เมื่อก่อนประเทศเกาหลีเคยยากจนครับ	이전에~, 옛날에~
	옛날에 한국은 가난했던 적이 있습니다.	

☐ ขณะที่	ขณะที่ผมอยู่ในบ้านคุณทำการบ้านอยู่ค่ะ 내가 집에 있는 동안 당신은 숙제를 하고 있었어요.	~하는 중에, ~동안에
☐ ระหว่างที่	ระหว่างที่ผมมาผมโดนสาดน้ำครับ 저는 오는 길에 물을 맞았어요.	~도중에, ~사이에
☐ ตอนที่	ตอนที่เขาเหงาคุณไม่ได้อยู่ด้วยค่ะ 그가 외로울 때 당신은 함께 있지 않았어요.	~때, ~을 때
☐ เท่าที่	เธอทำเท่าที่เธอทำได้ครับ 그녀는 그녀가 할 수 있는 만큼 했다.	~하는 한
☐ อย่างที่	อย่างที่คุณเห็นเขาโอเคค่ะ 보시다시피 그 사람은 괜찮아요.	~다시피
☐ ตามที่	โลกกำลังร้อนขึ้นตามที่ครูเคยบอกครับ 선생님이 말했던 대로 지구가 점점 뜨거워지고 있어요.	~에 따르면, ~와 같이
☐ ตั้งแต่	ฉันจะเป็นเด็กดีตั้งแต่วันนี้ค่ะ 저는 오늘부터 착한 아이가 될 거예요.	~부터
☐ จนกระทั่ง	เขาขับรถเร็วจนกระทั่งถูกตำรวจจับครับ 그 사람은 경찰에 단속될(잡힐) 정도로 빠르게 운전(과속)을 했습니다.	~할 때까지, ~할 정도로
☐ ไม่ว่า	ไม่ว่าคุณจะเก่งแค่ไหนคุณไม่ควรประมาทค่ะ 당신이 얼마나 잘 하든지 간에 방심해서는 안 됩니다.	~을 막론하고, ~든 지간에

☐ ถ้า(หาก)	ถ้าคุณทำดีเขาก็จะกลับมาครับ (만약) 당신이 잘 한다면 그 사람이 돌아올 거예요.	만약 ~라 면
☐ ถึง(แม้ว่า)	ถึงเขาจะเป็นแบบนี้แต่ใจเขาอ่อนโยน ค่ะ 그는 비록 이렇지만 마음은 부드럽습니다.	비록 ~일 지라도, 도 착하다, ~ 까지
☐ เพราะ(ว่า)	เขาจะจากไปเพราะเรางี่เง่าครับ 그 사람은 제가 어리석었기 때문에 떠날 거예요.	(왜냐하 면)~때문 이다, (노 래 등)감미 롭다
☐ เป็นเพราะ	เรื่องมันใหญ่ขึ้นเป็นเพราะตัวเขาเองค่ะ 그 사람 때문에 일이 더 커졌어요.	~때문이다
☐ ดังนั้น	ผมไม่มีความจำเป็นต้องไปดังนั้นผมจะ ไม่ไปครับ 저는 갈 필요가 없어져서 가지 않을 거예요.	그러므로, 그래서
☐ เนื่องจาก	เขาสอบตกเนื่องจากความกดดันค่ะ 그는 압박감으로 인해 시험에서 떨어졌어요.	~인 이유 로, ~때문 에
☐ เลย	ผมไปหาเพื่อนแต่ไม่อยู่เลยไปเล่นเกม ครับ 저는 친구를 만나러 갔는데 없어서 게임을 하러 갔어 요.	그래서, 지 나다, 전혀 (강조)
☐ ด้วยเหตุนี้	ด้วยเหตุนี้ฉันจึงไม่เชื่อใจคุณค่ะ 그런 이유로 저는 당신을 믿지 않아요.	이런(그러 한) 이유로

☐ เพราะฉะนั้น	ผมไม่ชอบสิ่งนี้เพราะฉะนั้นอย่าทำอีกครับ 저는 이것을 싫어하니까 다시는 하지 마세요.	그러니까, 그러므로, 그래서
☐ กับ	แดงกับชมพูเป็นเพื่อนกันค่ะ 댕과 촘푸는 친구사이입니다.	~와(과), 함께, ~에게
☐ ไม่เช่นนั้น	โรคเหงือกควรรีบรักษา ไม่เช่นนั้นฟันจะหลุดครับ 잇몸 질환은 서둘러 치료해야 해요. 그렇지 않으면 치아가 빠질 거예요. TIP ไม่เช่นนั้น은 회화에서 มิฉะนั้น으로 말 하기도 합니다.	그렇지 않으면, 아니면
☐ ส่วน	ฉันชอบเดินเล่น ส่วนน้องชายเอาแต่นอนค่ะ 저는 산책을 좋아하는 한편, 동생은 잠만 잡니다.	한편, 부분

1 다음에 알맞은 태국어의 접속사를 연결하세요.

(1) 그리고 • • ถึง(แม้ว่า)

(2) 하지만, 그러나 • • หรือ

(3) 또는(혹은), ~나(이나) • • แต่

(4) 만약 ~라면 • • ถ้า(หาก)

(5) 비록 ~일지라도 • • เพราะ(ว่า)

(6) (왜냐하면) ~때문이다. • • และ

2 괄호에 들어갈 알맞은 접속사를 써 보세요.

(1) 당신이 준비를 마쳤을 때 우리가 거기로 가겠습니다.
เราจะไปที่นั่น(   )คุณเตรียมตัวเสร็จครับ

(2) 가기 전에 뭐 좀 드세요.
(   )จะไปกินอะไรสักหน่อยครับ

(3) 당신이 얼마나 잘 하든지 간에 방심해서는 안 됩니다.
(   )คุณจะเก่งแค่ไหนคุณไม่ควรประมาทค่ะ

(4) 저는 친구를 만나러 갔는데 없어서 게임을 하러 갔어요.
ผมไปหาเพื่อนแต่ไม่อยู่(   )ไปเล่นเกมครับ

(5) 그 사람은 제가 어리석었기 때문에 떠날 거예요.
เขาจะจากไป(   )เรางี่เง่าครับ

(6) 저는 산책을 좋아하는 한편, 동생은 잠만 잡니다.
ฉันชอบเดินเล่น (   )น้องชายเอาแต่นอนค่ะ

정답

1 (1) และ (2) แต่ (3) หรือ (4) ถ้า(หาก) (5) ถึง(แม้ว่า) (6) เพราะ(ว่า)
2 (1) เมื่อ (2) ก่อนที่ (3) ไม่ว่า (4) เลย (5) เพราะ (6) ส่วน

● 주어진 의미와 발음에 해당하는 올바른 태국어에 ○표시 한 다음 따라 써 보세요.

1

의미 살인
발음 [카̂ㅅ따깜]

ฆาตกรรม
( )

ฆาตรกรรม
( )

2

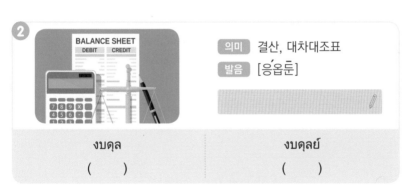

의미 결산, 대차대조표
발음 [응옵툰]

งบดุล
( )

งบดุลย์
( )

3

의미 오토바이
발음 [짝끄라야ㅡㄴ욘]

จักรยานยนตร์
( )

จักรยานยนต์
( )

정답 1 ฆาตกรรม 2 งบดุล 3 จักรยานยนต์

☐ คน	รถคันนี้นั่งได้สี่คนค่ะ 이 차는 네 명이 탈 수 있어요.	사람, ~명
☐ ตัว	ยายเลี้ยงนกสามสิบตัวครับ 할머니께서는 새 30마리를 기르십니다.	~마리(동물), ~벌(옷), ~개(가구), 몸
☐ ต้น	ร้านต้นไม้ขายต้นไม้หลายต้นมากค่ะ 나무 가게에서는 여러 그루의 나무를 판매합니다.	나무, ~그루
☐ ดอก	ครูมีดอกไม้แค่สามดอกครับ 선생님한테는 꽃 세 송이밖에 없어요.	꽃, ~송이
☐ หัว	เมนูนี้ต้องใช้แครอทสามหัวค่ะ 이 메뉴는 당근 세 개를 사용해야 합니다.	머리, (양파 등)~개
☐ อัน	เขามีลำโพงหลายอันครับ 그 사람은 스피커를 여러 개 가지고 있어요.	것, ~개(기타 물건)
☐ มวน	บุหรี่หนึ่งซองมียี่สิบมวนค่ะ 담배 한 갑에 스무 개비가 들어있습니다.	~개비(담배 등)
☐ ผืน	ผ้าห่มสามผืนราคาสองร้อยห้าสิบบาทครับ 이불 세 장 가격은 250바트입니다.	~장(얇고 평평한 천 등)
☐ แผ่น	ขอกระดาษสองแผ่นค่ะ 종이 두 장 주세요.	~장(종이 나무판 등)

ใบ	เมื่อวานผมซื้อจานมาสามใบครับ	~장(종이 등), ~개 (모자, 가방 등 담는 용기류), 나뭇잎
	어제 저는 접시 세 개를 사 왔어요.	
หน้า	หนังสือเล่มนี้หายไปสองหน้าค่ะ	~장(페이지), 얼굴, 앞, 다음, 계절
	이 책은 두 장이(페이지가) 없어졌어요.	
เม็ด	ผมกินยาไปสามเม็ดครับ	~알(씨앗 모양의 물건), 씨(과일)
	저는 약을 세 알 먹었어요.	
คัน	พ่อมีรถสองคันค่ะ	~대(자동차), ~개 (우산, 숟가락, 포크), 가렵다
	아빠는 차가 두 대 있어요.	
ลำ	ทะเลนี้ทำเรือล่มไปสี่ลำครับ	~척(배), ~기(비행기), 몸체
	이 바다는 네 척의 배를 침몰시켰습니다.	
ขบวน	สถานีนี้มีรถไฟหลายขบวนค่ะ	~량, ~열 (열차 등), 행렬
	이 역에는 기차가 많이 있어요.	
เครื่อง	ร้านเกมมีคอมพิวเตอร์สิบเครื่องครับ	~대(기계류)
	PC방에 컴퓨터가 10대 있어요.	
เล่ม	ฉันมีหนังสือภาษาไทยสามเล่มค่ะ	~권(책), ~자루(칼)
	저는 태국어 책이 세 권 있어요.	

| ☐ ด้าม | มีปากกาสองด้ามในกล่องดินสอครับ | ~자루(펜 등), 손잡이 |
| | 필통에 펜이 두 자루 있어요. | |

| ☐ ชุด | เขาสั่งเบอร์เกอร์มาสี่ชุดค่ะ | ~벌(의류 등), 세트 (식기 등) |
| | 그는 버거 네 세트를 주문했어요. | |

| ☐ ชิ้น | กินโดนัททั้งหกชิ้นครับ | ~조각 |
| | 도넛을 여섯 조각이나 먹었어요. | |

| ☐ คู่ | ขอตะเกียบสามคู่หน่อยค่ะ | ~켤레(신 발, 양말 등), ~짝 (쌍으로 된 물건 등) |
| | 젓가락 세 짝 주세요. | |

| ☐ เส้น | ขอยืมยางมัดผมสองเส้นหน่อยค่ะ | ~줄(선처 럼 가늘고 긴 물건) |
| | 고무 머리끈 두 개 빌려주세요. | |

| ☐ ลูก | ซื้อมะม่วงสามลูกครับ | ~개(과일, 공 등 둥근 물건), 자 녀(자식) |
| | 망고 세 개를 샀어요. | |

| ☐ ก้อน | ใช้สบู่ก้อนนี้สิคะ | ~개(덩어 리), 덩어 리 |
| | 이 비누를 사용하세요. | |

| ☐ จาน | สั่งข้าวผัดปูสองจานค่ะ | ~접시(음 식), 접시 |
| | 게살볶음밥 두 접시를 주문했어요. | |

☐ ฉบับ	**นี่เอกสารสอบสองฉบับครับ** 여기 시험지 두 부요.	~통(편지), ~부(신문), ~권(잡지), 사본
☐ หลัง	**มีบ้านหลังสวย ๆ มากมายในเมืองนี้ค่ะ** 이 도시에는 예쁜 집들이 많이 있어요.	~채(집), 등, ~한 뒤 에
☐ ดวง	**ติดแสตมป์สามดวงครับ** 우표 세 장을 붙였어요.	~개(둥근 물체), ~장 (우표)
☐ เรือน	**ฉันอยากซื้อนาฬิกาเรือนนี้ค่ะ** 저는 이 시계를 사고 싶어요.	~개(시계), 집
☐ เรื่อง	**ดาราคนนี้แสดงมาสองเรื่องแล้วครับ** 이 연예인은 두 편을 연기했어요.	~편(영화, 드라마, 소 설 등), 이 야기, 사건
☐ ซอง	**ขอบุหรี่สองซองครับ** 담배 두 갑 주세요.	~갑(담배), ~봉투
☐ ขวด	**เมื่อวานดื่มเหล้าไปสองขวดครับ** 어제 술 두 병을 마셨어요.	~병(물, 음 료 등), 병
☐ แก้ว	**ต้องการโค้กสักแก้วไหมคะ** 콜라 한 잔 드시겠어요?	~잔(물, 음 료 등), 컵
☐ ฟอง	**ต้องใส่ไข่สองฟองลงไปในอาหารนี้** **ครับ** 이 음식에 계란 두 개를 넣어야 합니다.	~개(계란), 거품

☐ ข้าง	**เขาเชื่อทั้งสองข้างค่ะ** 그 사람은 양쪽 다 믿습니다.	~한 짝, ~ 한쪽(신발, 양말, 팔, 다리 등), 옆
☐ ซี่	**เมื่ออาทิตย์ที่แล้วผมถอนฟันผุสองซี่ ครับ** 지난 주에 저는 이빨 두 개를 뽑았어요.	~개(이빨 등 가지런 한 것의 하 나 하나)
☐ พวง	**เธอตกแต่งบ้านของเขาด้วยพวงมะลิค่ะ** 그녀는 재스민 다발(말리꽃 다발)로 집을 장식했어요.	송이, 다발
☐ ห่อ	**พ่อไปซื้อยาแก้ปวดสองห่อมาให้ผมครับ** 아빠가 진통제 두 봉지를 사다 주셨습니다.	꾸러미, 푸 대, 포장하 다, 싸다
☐ ตน	**มียักษ์หลายตนออกในนวนิยายไทย ดั้งเดิมค่ะ** 태국 전통 소설에는 거인(도깨비)들이 많이 나옵니다.	도깨비, 천 사 등을 셀 때, 자기자 신

1 다음 문장에 들어갈 알맞은 분류사를 고르세요.

(1) ยายเลี้ยงนกสามสิบ(   )ครับ 할머니께서는 새 30마리를 기르십니다.

   ① คน   ② ตัว   ③ ต้น   ④ ดอก

(2) ขอกระดาษสอง(   )ค่ะ 종이 두 장 주세요.

   ① หัว   ② มวน   ③ ผืน   ④ แผ่น

(3) ผมกินยาไปสาม(   )ครับ 저는 약을 세 알 먹었어요.

   ① เม็ด   ② ตัว   ③ ใบ   ④ หน้า

(4) พ่อมีรถสอง(   )ค่ะ 아빠는 차가 두 대 있어요.

   ① ขบวน   ② เครื่อง   ③ คัน   ④ ลำ

(5) กินโดนัทตั้งหก(   )ครับ 도넛을 여섯 조각이나 먹었어요.

   ① เล่ม   ② ชิ้น   ③ ด้าม   ④ ชุด

(6) สั่งข้าวผัดปูสอง(   )ค่ะ 게살볶음밥 두 접시를 주문했어요.

   ① คู่   ② เส้น   ③ จาน   ④ ลูก

(7) เมื่อวานดื่มเหล้าไปสอง(   )ครับ 어제 술 두 병을 마셨어요.

   ① ขวด   ② ก้อน   ③ ฉบับ   ④ หลัง

(8) เมนูนี้ต้องใช้แครอทสาม(   )ค่ะ 이 메뉴는 당근 세 개를 사용해야 합니다.

   ① มวน   ② ใบ   ③ แผ่น   ④ หัว

(9) ฉันมีหนังสือภาษาไทยสาม(   )ค่ะ 저는 태국어 책이 세 권 있어요.

   ① เส้น   ② หลัง   ③ เรือน   ④ เล่ม

(10) ซื้อมะม่วงสาม(   )ครับ 망고 세 개를 샀어요.

   ① ซอง   ② ลูก'   ③ ฟอง   ④ ดอก

정답

1 (1) ② (2) ④ (3) ① (4) ③ (5) ② (6) ③ (7) ① (8) ④ (9) ④ (10) ②

쉬어가기 태국인도 자주 틀리는 태국어 단어

● 주어진 의미와 발음에 해당하는 올바른 태국어에 ○표시 한 다음 따라 써 보세요.

1

의미	초콜릿(chocolate)
발음	[ชฺฺ็กฺฺฺฺ๊ล็ฺ็ฺฺฺฺฺ็ฺฺฺฺฺฺฺฺฺฺฺฺฺฺฺฺ]

[척꾸ㄹ렛]

ช็อกโกแล็ต	ช็อกโกแลต
( )	( )

2

의미	긴팔원숭이
발음	[차니-]

ชะนี	ชนี
( )	( )

3

의미	노련하다, 숙련되다
발음	[참나-ㄴ]

ชำนาญ	ชำนาน
( )	( )

정답 **1** ช็อกโกแลต **2** ชะนี **3** ชำนาญ

44

사람

☐ ชื่อ	**ฉันชื่อแทนค่ะ** 제 이름은 탠 입니다.	이름이 ~ 이다
☐ อายุ	**ผมอายุยี่สิบสามปีครับ** 저는 나이가 스물 세 살 입니다.	나이가 ~ 이다
☐ ปี	**ยี่สิบห้าปีเป็นอายุที่มากพอสมควรค่ะ** 스물 다섯 살이 아주 적당한 나이입니다.	해, 년, ~ 살(세)
☐ เป็นคน+นารา	**ผมเป็นคนไทยครับ** 저는 태국 사람입니다.	~(나라)사 람이다
☐ มี	**แฟนมีชื่อเล่นว่าเจค่ะ** 남자친구는 J(제이)라는 별명이 있어요.	(가지고) 있다(소유)
☐ ครอบครัว	**ครอบครัวของผมอยู่ในประเทศไทย ครับ** 제 가족은 태국에 살고 있습니다.	가족
☐ เป็น+직업	**เขาเป็นวิศวกรค่ะ** 그 사람은 엔지니어입니다.	직업이 ~ 이다
☐ ชอบ+취미	**แม่ชอบทำอาหารครับ** 엄마는 요리하시는 것을 좋아하세요.	(취미를) 좋아한다
☐ คือ	**นี่คือพี่ชายของฉันค่ะ** 이쪽은 저의 오빠예요.	~이다, 즉 ~(이다)

☐ นี่	**ผมเป็นคนที่นี่ครับ** 저는 여기 사람이에요.	이(사람/ 물건/장소 등)~이다

☐ นั่น	**นั่นความผิดของฉันค่ะ** 그것은 저의 잘못입니다.	그(사람/ 물건/장소 등)~이다

☐ โน่น	**ดูโน่นสิครับ** 저기 좀 보세요.	저(사람/ 물건/장소 등)~이다

☐ นี้	**หนังสือเล่มนี้สนุกมากครับ** 이 책은 정말 재미있어요. **TIP** 지시형용사(또는 기타 수식사)가 명사를 수식할 때 명사와 지시형용사 사이에 해당 명사에 쓰이는 분류사(권, 장, 대, 개 등)를 알맞게 써 주는 것이 원칙입니다.	이(지시형 용사)

☐ นั้น	**อยากกินอันนั้นจังค่ะ** 저거 너무 먹고 싶어요. **TIP** 일부 단어는 명사와 분류사를 함께 쓸 수 있기 때문에 중복을 피해 한 번만 사용하기도 합니다. 예) **อัน** (것, 개) **คน** (사람, 명)	그(지시형 용사)

☐ โน้น	**ไปเรียกแท็กซี่ตรงโน้นสิครับ** 저 쪽에 가서 택시를 잡으세요.	저(지시형 용사)

① 가족

☐ ปู่	**คุณปู่เคยเป็นครูค่ะ** 할아버지는 선생님이셨어요.	(친)할아버지
☐ ย่า	**ผมนวดไหล่ให้คุณย่าผมครับ** 저는 할머니의 어깨를 주물러 드렸어요.	(친)할머니
☐ ตา	**คุณตาไปนาข้าวค่ะ** 할아버지는 논에 가셨어요.	(외)할아버지, (신체)눈
☐ ยาย	**คุณยายเล่าเรื่องสมัยท่านให้ฟังค่ะ** 할머니께서 할머니 시대 이야기를 들려주셨어요.	(외)할머니
☐ ลุง	**ผมสนิทกับคุณลุงครับ** 저는 큰 아빠와 친합니다.	부모님의 손위 남성
☐ ป้า	**ป้าของเขาเคยเป็นนางแบบค่ะ** 그의 고모는 모델이었습니다.	부모님의 손위 여성
☐ อา	**อาซื้อขนมให้ครับ** 삼촌이 과자를 사 주셨어요.	아버지의 손아래 남녀
☐ น้า	**น้าไปเที่ยวภูเก็ตครับ** 이모는 푸켓에 여행을 가셨어요.	어머니의 손아래 남녀
☐ พ่อ	**พ่อของฉันหล่อมากค่ะ** 우리 아빠는 잘생겼어요.	아빠

แม่	เด็กกำลังนอนซุกอกแม่อยู่ 아기가 엄마 품에 안겨 자고 있는 중이다.	엄마
ฉัน	เพื่อนฉันเป็นคนสวยค่ะ 제 친구는 예뻐요(예쁜 사람입니다).	나, 저(남 녀 공용)
พี่	ฉันมีพี่สาวสามคนค่ะ 저는 언니가 세 명 있어요.	(손위 남 녀를 부를 때)
น้อง	ผมไม่มีน้องครับ 저는 동생이 없어요.	동생
พี่น้อง	ฉันมีพี่น้องสองคนค่ะ 저는 자매가 두 명 있어요.	형제(자매)
ลูก	พ่อแม่รักลูกอย่างสุดหัวใจ 부모는 자식을 끔찍하게 사랑한다.	자녀, 자식
หลาน	ย่าอยากได้หลานชายค่ะ 할머니는 손자를 갖고 싶어 하신다.	손자, 조카
ญาติ	เราเป็นญาติห่าง ๆ กันครับ 우리는 먼 친척입니다.	친척

② 국가명

☐ ไทย	**เมืองไทยร้อนมากค่ะ** 태국은 엄청 덥습니다.	태국, 자유
☐ เกาหลี	**ผมเคยไปประเทศเกาหลีครับ** 저는 한국에 가본 적이 있습니다.	한국
☐ จีน	**ฉันชอบอาหารจีนค่ะ** 저는 중국음식을 좋아합니다.	중국
☐ ญี่ปุ่น	**รถยนต์คันนี้ผลิตในญี่ปุ่นครับ** 이 차는 일본에서 만든 차입니다.	일본
☐ ลาว	**ประเทศลาวอยู่ติดกับประเทศไทยค่ะ** 라오스는 태국과 접경해 있습니다.	라오스
☐ เวียดนาม	**ภาษาเวียดนามก็มีวรรณยุกต์ด้วยครับ** 베트남어도 성조가 있습니다.	베트남
☐ กัมพูชา	**สถานที่ท่องเที่ยวในกัมพูชาสวยงามค่ะ** 캄보디아의 관광지는 아름답습니다.	캄보디아
☐ พม่า	**หลายคนเป็นชาวพม่าครับ** 많은 사람들이 미얀마 사람입니다.	미얀마
☐ อินโดนีเซีย	**เกิดแผ่นดินถล่มในอินโดนีเซียค่ะ** 인도네시아에서 산사태가 났어요.	인도네시아

50

☐ อังกฤษ	อังกฤษฝนตกบ่อยครับ 영국은 비가 자주 내립니다.	영국
☐ ฝรั่งเศส	ร้านแซนด์วิชฝรั่งเศสเปิดที่โซลค่ะ 프랑스 샌드위치 가게가 서울에 오픈했어요.	프랑스
☐ อเมริกา	อเมริกาประกาศปรับขึ้นอัตราดอกเบี้ย 미국은 금리인상을 발표했다.	미국
☐ สิงคโปร์	สิงคโปร์แอร์ไลน์พร้อมร่วมงานพันธมิตรต่างประเทศ 싱가포르 항공은 해외 파트너들과 협력할 준비가 되어 있다.	싱가포르
☐ ออสเตรเลีย	ออสเตรเลียเปิดไฟสะพานซิดนีย์ฮาร์เบอร์ 호주(오스트레일리아)는 시드니 하버 브릿지에 조명을 밝혔다.	호주(오스트레일리아)
☐ โปรตุเกส	โปรตุเกสชิงตั๋วบอลโลกโซนยุโรป 포르투갈은 유럽지역 월드컵 티켓을 거머쥐었다.	포르투갈
☐ แคนาดา	แคนาดามีชื่อเสียงในเรื่องฮอกกี้น้ำแข็งค่ะ 캐나다는 아이스하키로 유명합니다.	캐나다

③ 직업

☐ นักเรียน	**เขาเป็นนักเรียนค่ะ** 그 사람은 학생이에요.	(초, 중, 고 등)학생
☐ นักศึกษา	**นักศึกษากำลังทัศนศึกษาที่โรงงานครับ** 대학생들이 공장을 견학하고 있습니다.	대학생
☐ นักแสดง	**นักแสดงคนนี้ดังมากค่ะ** 이 배우는 엄청 유명합니다.	배우, 탤런트
☐ นักร้อง	**เขาแต่งเพลงดัง ๆ ให้กับนักร้องของเขา** **ครับ** 그 사람은 그의 가수에게 유명한 노래를 만들어주었습 니다.	가수
☐ นักธุรกิจ	**เขาเป็นนักธุรกิจที่ขี้โกงค่ะ** 그 사람은 사기꾼 사업가입니다.	사업가
☐ นักบัญชี	**นักบัญชีต้องทำงบดุลครับ** 회계사는 대차대조표를 만들어야 합니다.	회계사
☐ นักดนตรี	**เพื่อนเป็นนักดนตรีค่ะ** 친구는 음악가예요.	음악가
☐ นักกีฬา	**พ่อเคยเป็นนักกีฬาดีเด่นครับ** 아빠는 훌륭한(멋진) 운동선수였습니다.	운동선수

พนักงาน บริษัท	**ผมเป็น**พนักงานบริษัท**ของพ่อเพื่อนค่ะ** 저는 친구 아버지의 회사원입니다.	회사원
พนักงานขาย	**แม่เคยทำงานเป็น**พนักงานขาย**ครับ** 엄마는 영업사원으로 일하셨던 적이 있습니다.	판매원, 점원
พนักงาน ธนาคาร	**แฟนเป็น**พนักงานธนาคาร**ค่ะ** 애인(남자친구)은 은행원입니다.	은행원
ครู	ครู**ให้การบ้านเยอะครับ** 선생님께서 숙제를 많이 내 주셨어요.	선생님, 교사
อาจารย์	อาจารย์**ใจดีมากค่ะ** 교수님은 매우 친절하세요.	(대학)교 수, 선생님
คนขับรถ	**เธอเป็น**คนขับรถ**ที่รอบคอบครับ** 그녀는 세심한(신중한) 운전사입니다.	운전기사
ข้าราชการ	**เขาสอบติดเป็น**ข้าราชการ**ค่ะ** 그는 공무원 시험에 붙었어요.	공무원
ทหาร	**เรามักจะคุยเรื่องสมัยที่เป็น**ทหาร**บ่อย ๆ ครับ** 우리는 군인 시절의 이야기를 자주(즐겨) 하곤 합니다.	군인

☐ ตำรวจ	ตำรวจโบกมือให้รถฉันหยุดค่ะ 경찰이 손을 들어 제 차를 세웠어요.	경찰
☐ ทนาย	เขาเป็นทนายที่มุ่งมั่นครับ 그는 헌신적인 변호사입니다.	변호사
☐ อัยการ	ท่านอัยการชอบยกตัวอยู่เสมอครับ 검사님께서는 항상 자신을 치켜세우십니다.	(법률)검사
☐ ผู้พิพากษา	ผู้พิพากษาชี้แนะหน้าที่ให้คณะลูกขุน 판사는 배심원들에게 임무(역할)를 안내했다.	판사
☐ ยูทูบเบอร์	กระแสอาชีพยูทูบเบอร์มาแรงมากค่ะ 유튜버라는 직업이 아주 유망합니다.	유튜버 (youtuber)
☐ บล็อกเกอร์	แฟนผมเป็นบล็อกเกอร์ครับ 저의 애인은(여자친구는) 블로거입니다.	블로거 (blogger)
☐ ดีไซเนอร์	ชุดนี้ออกแบบโดยดีไซเนอร์ที่มีชื่อเสียง ค่ะ 이 드레스는 유명한 디자이너가 디자인했습니다.	디자이너

1 다음 보기의 단어들을 한 단어로 나타낸 단어를 고르세요.

(1)
> **보기**
> ปู่ / ย่า / พ่อ / แม่ / ลูก / น้อง

① อาชีพ ② ประเทศ ③ ครอบครัว ④ ชื่อ

(2)
> **보기**
> นักเรียน / พนักงาน / ครู / ทหาร / อัยการ

① ชื่อ ② อายุ ③ ประเทศ ④ อาชีพ

(3)
> **보기**
> เกาหลี / ไทย / จีน / ญี่ปุ่น / อเมริกา / อังกฤษ

① ประเทศ ② อาชีพ ③ ครอบครัว ④ ดอก

2 다음 중 아시아에 속하지 않는 나라를 모두 고르세요.

① กัมพูชา ② ฝรั่งเศส ③ พม่า ④ เวียดนาม ⑤ กัมพูชา ⑥ อเมริกา

3 다음 문장에 들어갈 알맞은 직업을 고르세요.

(1) (   )คนนี้ดังมากค่ะ 이 배우는 엄청 유명합니다.

(2) (   )โบกมือให้รถฉันหยุดค่ะ 경찰이 손을 들어 제 차를 세웠어요.

(3) แฟนผมเป็น(   )ครับค่ะ 저의 애인은(여자친구는) 블로거입니다.

● 주어진 의미와 발음에 해당하는 올바른 태국어에 ○표시 한 다음 따라 써 보세요.

①

TAIWAN

| 의미 | 대만(Taiwan) |
| 발음 | [따이환] |

| ใต้หวัน | ไต้หวัน |
| ( ) | ( ) |

②

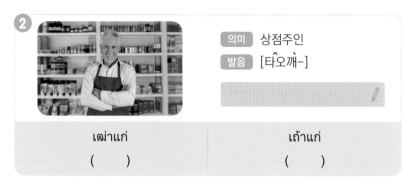

| 의미 | 상점주인 |
| 발음 | [타오깨-] |

| เฒ่าแก่ | เถ้าแก่ |
| ( ) | ( ) |

③

| 의미 | 실험하다 |
| 발음 | [톳러-ㅇ] |

| ทดลอง | ทดรอง |
| ( ) | ( ) |

정답 **1** ไต้หวัน **2** เถ้าแก่ **3** ทดลอง

3 외모와 신체

☐ น่ารัก	**เขาเป็นคนน่ารักครับ** 그 사람은 사랑스러운 사람입니다.	귀엽다, 사랑스럽다
☐ น่าเอ็นดู	**น้องเราเป็นคนน่าเอ็นดูค่ะ** 우리 동생은 귀여워요.	귀엽다, 사랑스럽다
☐ หน้าเด็ก	**แม่ผมหน้าเด็กมากครับ** 저의 어머니는 엄청 동안이세요.	어려보인다, 동안이다
☐ น่าเกลียด	**เพื่อนชอบทำตัวน่าเกลียดค่ะ** 친구는 미운 짓 하는 것을 좋아해요.	밉상이다, 보기 싫다
☐ วัยรุ่น	**วัยรุ่นสมัยนี้ใจร้อนครับ** 요즘 청소년들은 조급해요.	청소년, 사춘기, 신세대
☐ วัยกลางคน	**เธอคือผู้หญิงชั้นสูงวัยกลางคนค่ะ** 그녀는 상류층의 중년 여성이에요.	중년, 장년
☐ วัยชรา	**พ่อผมกำลังจะล่วงเข้าสู่วัยชราครับ** 제 아버지는 노년기에 접어드는 중이에요.	노년
☐ วัยทอง	**แม่ฉันกำลังจะล่วงเข้าสู่วัยทองค่ะ** 제 어머니는 갱년기에 접어드는 중이에요.	갱년기
☐ สวย	**เพื่อนผมสวยแต่เรียนไม่เก่งครับ** 저의 친구는 예쁘지만 공부를 잘하지 못해요.	아름답다, 예쁘다

☐ หล่อ	**เขาเป็นที่นิยมเพราะเขาหน้าตา**หล่อ**ค่ะ** 그 사람은 잘 생겼기 때문에 인기가 있어요.	미남이다, 잘생기다, 주조하다
☐ ขี้เหร่	**ฉันไม่คิดว่าหน้าตาเขาดู**ขี้เหร่**นะ** 저는 그 사람이 못생겼다고 생각하지 않아요.	못생기다, 밉다
☐ อ้วน	**อย่ากินขนมมากเพราะจะทำให้**อ้วน **ครับ** 과자를 너무 많이 먹지 마세요. 살이 찌도록 만들기 때 문이에요.	뚱뚱하다
☐ ผอม	**ผม**ผอม**ไปบ้างจากการเรียนหนักครับ** 저 공부를 열심히 해서 조금 말랐어요.	마르다, 홀쭉하다
☐ สูง	**ฉัน**สูง**ร้อยเจ็ดสิบห้าเซนติเมตรค่ะ** 저는 키가 175센티미터 입니다.	(키가)크 다, 높다
☐ เตี้ย	**มีที่ส้น**เตี้ย **ๆ หน่อยไหมคะ** 조금 낮은 굽은 없어요?	(키가)작다
☐ มีเสน่ห์	**เธอเป็นคนที่ดู**มีเสน่ห์**ค่ะ** 그녀는 매력있는 사람이에요.	매력있다
☐ ลักยิ้ม	**คนที่มี**ลักยิ้ม**ยิ้มแล้วดูสวยครับ** 보조개가 있는 사람이 미소지면 예뻐보여요.	보조개
☐ หุ่นดี	**ผู้ชาย**หุ่นดี**หายากมากค่ะ** 몸매가 좋은 남자는 매우 드물어요.(찾기 힘들어요)	몸매가 좋 다

หัวล้าน	คนหัวล้านส่วนใหญ่มักจะสวมหมวกบ่อย ๆ ครับ 대머리인 사람들은 대부분 모자를 자주 씁니다.	대머리
จมูกโด่ง	ฝรั่งมีจมูกโด่งค่ะ 서양인은 콧대가 높습니다.	코가 높다
เปรี้ยว	เธอเคยเปรี้ยวมาก่อนค่ะ 그녀는 한 때 화려했던 적이 있었어요.	화려하다, 대담하다, (맛)시다
ผม	เมื่อวานผมถอนผมหงอกเยอะมากเลยครับ 어제 저는 흰 머리를 정말 많이 뽑았어요.	머리카락, 저(남성의 1인칭대명 사)
ใบหน้า	ใบหน้าของเขาแดงจากการหัวเราะค่ะ 그 사람의 얼굴이 웃음으로 붉어졌어요.	얼굴, 표정
หน้าผาก	หน้าผากผมกว้างมากครับ 저의 이마는 굉장히 넓습니다.	이마
คิ้ว	อยากมีคิ้วสีเข้มค่ะ 진한 눈썹을 갖고 싶어요.	눈썹
ตา	ตาเธอมีสีสวยมากครับ 그녀의 눈 색깔이 아주 예뻐요.	눈, (외)할 아버지
หู	ชื่อเขาฟังดูคุ้นหูค่ะ 그 사람의 이름이 친숙하게 들립니다.	귀

☐ จมูก	**เขาขยับแว่นที่ดั้ง**จมูก**ครับ** 그는 안경을 콧대로 옮겼습니다.	코
☐ ปาก	ปาก**สีแดงดูดีมากค่ะ** 빨간 입술이 정말 보기 좋네요.	입
☐ ฟัน	**ผมเคยจัด**ฟัน**ครับ** 저는 치아교정을 한 적이 있어요.	이빨, 치아, (칼 등으로)내리치다
☐ คาง	**มีสิวขึ้นที่**คาง**ค่ะ** 턱에 여드름이 났어요.	턱
☐ คอ	คอ**ผมค่อนข้างยาวครับ** 저의 목은 긴 편이에요.	목
☐ ไหล่	**เขามองฉันแล้วยัก**ไหล่**ค่ะ** 그 사람이 저를 바라보더니 어깨를 으쓱했어요.	어깨
☐ หน้าอก	**เขาอยากทำให้กล้ามเนื้อ**หน้าอก**ดูใหญ่ครับ** 그 사람은 가슴 근육을 크게 보이게 하고 싶어해요.	(앞)가슴
☐ แขน	แขน**หนูสั้นนิดนึงค่ะ** 제 팔은 조금 짧아요.	(신체)팔
☐ ข้อศอก	**ใส่เสื้อจน**ข้อศอก**แขนเสื้อขาดครับ** 소매 팔꿈치가 찢어질 정도로 옷을 입었어요.	팔꿈치

| มือ | ฉันชอบเวลาแฟนจับมือค่ะ | 손 |
| | 저는 애인이 손을 잡아줄 때가 좋습니다. | |

| ข้อมือ | ข้อมือเธอเล็กจริง ๆ ครับ | 손목 |
| | 그녀의 손목은 정말 얇아요. | |

| นิ้วมือ | นิ้วมือถูกประตูแท็กซี่หนีบค่ะ | 손가락 |
| | 택시 문에 손가락이 끼었어요. | |

| ฝ่ามือ | เขาใช้ฝ่ามือตบโต๊ะอย่างแรงด้วยความโกรธ | 손바닥 |
| | 그 사람은 화가 나서 손바닥으로 탁자를 세게 내려쳤다. | |

| ท้อง | ท้องผมดูอ้วนไหมครับ | (신체)배 |
| | 제 배가 뚱뚱해 보이나요? | |

| เอว | เอวผมเล็กกว่าเอวเธอครับ | 허리 |
| | 제 허리가 그녀의 허리보다 얇습니다. | |

| ก้น | ผมมีก้นไม่เท่ากัน | 엉덩이 |
| | 제 엉덩이는 짝궁댕이입니다. | |

| ขา | เธอโดนแมงกะพรุนต่อยที่ขาครับ | 다리 |
| | 그녀는 해파리에게 다리를 물렸습니다. | |

| หัวเข่า | ฉันเจ็บหัวเข่ามากค่ะ | 무릎 |
| | 저는 무릎이 너무 아파요. | |

☐ เท้า	**เขากำลังเดินเท้าเปล่าครับ** 그는 맨발로 걷고 있어요.	발
☐ ส้น	**ส้นเท้าแตกแล้วเจ็บมากค่ะ** 발 뒤꿈치가 까져서 너무 아파요.	(발)뒤꿈치
☐ สมอง	**เขาศึกษาเกี่ยวกับการถ่ายทอดข้อมูล** **ของเซลล์ประสาทแต่ละส่วนในสมอง** **มนุษย์ครับ** 그는 인간의 뇌의 각 신경세포의 정보전달에 관한 연구 를 했습니다.	뇌
☐ สะดือ	**สมัยโบราณใช้ไม้ไผ่ตัดสายสะดือเมื่อ** **คลอดทารกค่ะ** 고대에는 아기를 낳았을 때 대나무를 사용하여 탯줄을 잘랐습니다.	배꼽
☐ ลิ้น	**ขนมชิ้นนี้หวานตั้งแต่ปลายลิ้นไปทั่วทั้ง** **ปากเลยครับ** 이 과자는 혀 끝부터 입안 전체까지 달아요.	혀
☐ แก้ม	**คนเป็นโรคไซนัสอักเสบอาจจะมีอาการ** **ปวดบริเวณดั้งจมูกและโหนกแก้มค่ะ** 비염에 걸린 사람은 아마도 콧대 주위와 광대뼈에 통증 이 있을 거예요. **TIP** โหนก 돌출하다. โหนกแก้ม 광대뼈	뺨

1 다음 그림의 괄호 안에 알맞은 신체 관련 단어를 써 보세요.

(① 머리   )

(② 어깨   )

(③ 팔   )

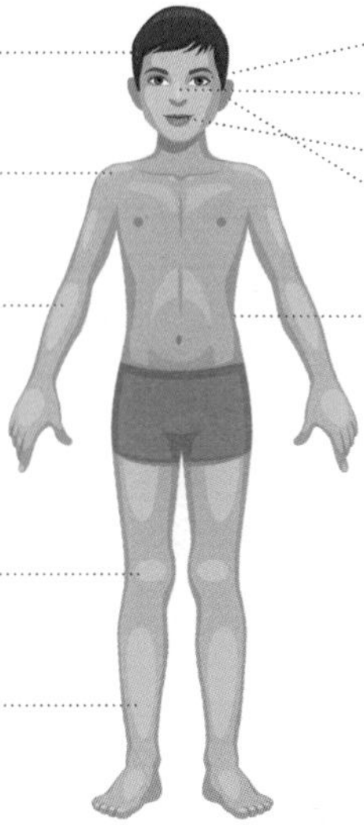

(④ 무릎   )

(⑤ 발   )

(⑥ 눈   )

(⑦ 코   )

(⑧ 입   )

(⑨ 귀   )

(⑩ 허리   )

2 괄호에 들어갈 인상과 관련된 알맞은 단어를 써 보세요.

(1) 그 사람은 **사랑스러운** 사람입니다.

เขาเป็นคน(   )ครับ

(2) 친구는 **미운 짓 하는** 것을 좋아해요.

เพื่อนชอบทำตัว(   )ค่ะ

(3) 그녀는 **매력있는** 사람이에요.

เธอเป็นคนที่ดู(   )ค่ะ

정답

1 ① หัว ② ไหล่ ③ แขน ④ หัวเข่า ⑤ เท้า ⑥ ตา ⑦ จมูก ⑧ ปาก ⑨ หู ⑩ เอว

2 (1) น่ารัก (2) น่าเกลียด (3) มีเสน่ห์

● 주어진 의미와 발음에 해당하는 올바른 태국어에 ○표시 한 다음 따라 써 보세요.

1

의미 자원

발음 [쌉파야ー-꺼ー ㄴ]

ทรัพยากรณ์	ทรัพยากร
( )	( )

2

의미 파괴하다, 무너지다

발음 [타ㄹ라ー이]

ทะลาย	ทลาย
( )	( )

3

의미 소중히 여기다(아끼다)

발음 [타누타너ー ㅁ]

ทะนุถนอม	ทนุถนอม
( )	( )

정답 **1** ทรัพยากร **2** ทลาย **3** ทะนุถนอม

64

☐ ใจดี	**ป้าข้างบ้านเป็นคนใจดีครับ** 옆집 아주머니는 친절하세요.	친절하다
☐ ใจร้าย	**คุณลุงขายขนมใจร้ายค่ะ** 과자를 판매하는 아저씨는 나빴어요.	모질다, 악의가 있다, 잔인하다
☐ ใจกว้าง	**ความใจกว้างทำให้เป็นที่รักของคนอื่น** 관대함은 타인으로 하여금 사랑받게 만든다.	관대하다, 마음이 넓다
☐ ใจแคบ	**ฉันไม่ชอบความใจแคบของเขาค่ะ** 저는 그 사람의 편협함이 마음에 들지 않습니다.	인색하다, 마음이 좁다
☐ ใจแข็ง	**ถึงแม้ว่าผมจะเป็นคนใจแข็งแต่ก็เสียใจกับสิ่งที่เกิดขึ้นครับ** 비록 저는 마음이 완고한 사람이지만 일어난 일에 대해 후회합니다.	강직하다, 완강(완고)하다
☐ ใจอ่อน	**น้องเป็นคนใจอ่อนเจอขอทานก็ให้เหรียญตลอดค่ะ** 동생은 마음이 약해서 걸인을 만나면 항상 동전을 줍니다.	온순하다, 마음이 약하다, 나약하다
☐ ใจกล้า	**เธอใจกล้ามากที่ไปหาสามีตามลำพัง** 그녀는 대담하게도 단신으로 남편을 찾아갔습니다.	용감하다, 대담하다
☐ ขี้ขลาด	**อุดมเป็นคนขี้ขลาดจนไม่กล้านอนปิดไฟค่ะ** 우돔은 불을 켜고 잠을 자지 못할 정도로 겁쟁이입니다.	심약하다, 나약하다

☐ ใจเย็น	**พ่อเป็นคนใจเย็นไม่ใช้อารมณ์แก้ปัญหา** อาบอจีนึน ชิมชัคอาเซ่อซอ คัมจองจอกือโร มุนเจรึล แฮกยอลฮาจี อันอือ 아버지는 침착하셔서 감정적으로 문제를 해결하지 않으 신다.	침착하다, 냉정하다
☐ ใจร้อน	**น้องสาวใจร้อนทำอะไรก็รีบไปหมดค่ะ** 여동생은 성질이 급해서 무엇을 하든 급합니다.	성급하다, 초조하다
☐ ใจอารี	**ป้าเป็นคนใจอารีแบ่งขนมให้ทุกวันครับ** 아주머니는 매일 과자를 나누어 주시는 인자하신 분입 니다.	관대하다, 어질다
☐ ใจดำ	**เขาเป็นคนใจดำทำฉันอกหักค่ะ** 그 사람은 무정해서 저에게 시련을 주었어요.	무정하다, 이기적이 다, 양보심 이 없다
☐ ร่าเริง	**นิดเป็นคนร่าเริงครับ** 닛은 쾌활한 사람이에요.	유쾌하다, 활발하다
☐ สุภาพ	**สุชาติเป็นคนสุภาพพูดมีหางเสียงกับทุก คนค่ะ** 수찻은 예의 바르고 모든 사람에게 존칭어를 붙여 말합 니다.	예의바르 다, 점잖다
☐ อดทน	**ทหารต้องอดทนครับ** 군인은 참고 인내해야 합니다.	참다, 인내 하다
☐ ขี้ลืม	**น้องชายเป็นคนขี้ลืมไม่ชอบส่งการบ้าน ค่ะ** 남동생은 건망증이 심해서 숙제를 제출하는 것을 좋아 하지 않아요.	건망증이 심하다, 잘 잊어버린 다

☐ ขี้บ่น	แม่เป็นคนขี้บ่นทำอะไรก็บ่นให้ทำแบบนี้ครับ 엄마는 잔소리가 심해서 무엇을 하든 이렇게 하라고 하세요.	불평을 잘하다, 잔소리하다
☐ ขี้เหนียว	สมจิตเป็นคนขี้เหนียวไม่เคยเลี้ยงข้าวน้องเลยค่ะ 솜은 인색해서 동생에게 밥을 사준 적이 없습니다.	인색하다, 구두쇠이다
☐ ขี้อาย	พินเป็นคนขี้อายไม่กล้าคุยกับเพื่อนใหม่ครับ 핀은 수줍음이 많아서 새로운 친구들과 대화할 용기가 없습니다.	잘 수줍어하다, 부끄럼을 잘 타다
☐ ขี้อ้อน	ฉันเป็นคนขี้อ้อนทำแฟนหลงใหลค่ะ 저는 응석받이라 애인을 매료시켰어요.	잘 울다, 울보이다
☐ ขี้โกง	บอยชอบขี้โกงแทรกแถวตอนสั่งข้าวครับ 버이는 속이는 걸 좋아해서 음식을 주문할 때 끼어듭니다.	사기꾼이다, 잘 속이다
☐ ช่างพูด	แทนเป็นคนช่างพูดปากไม่เคยอยู่นิ่งค่ะ 탠은 수다쟁이라 입이 가만히 있지 않습니다.	말이 많다, 수다스럽다
☐ เกียจคร้าน	สมหมายเป็นคนเกียจคร้านไม่ยอมทำอะไรเลย 쏨마이는 게으른 사람이라 아무것도 하지 않으려 한다.	게으르다, 빈둥대다
☐ เห็นแก่ตัว	เจเป็นคนเห็นแก่ตัวอะไรก็คิดแต่เรื่องตัวเอง 제는 이기적이라 무엇이든지 자기 일만 생각한다.	이기적이다

☐ ดีใจ	**ผมดีใจเพราะสอบติดมหาลัยครับ** 저는 대학에 붙어서 기쁩니다.	기쁘다
☐ ตกใจ	**แม่ตกใจแมวข้างบ้านค่ะ** 엄마는 옆집 고양이에게 놀랐습니다.	놀라다
☐ เสียใจ	**ผมเสียใจที่เลิกกับแฟนครับ** 저는 애인과 헤어져서 슬픕니다.	슬프다, 실 망하다
☐ กังวลใจ	**น้องกังวลใจเรื่องสอบเข้ามหาลัยค่ะ** 동생은 대학 입학 시험을 걱정했습니다.	걱정하다
☐ โล่งใจ	**น้องสาวถอนหายใจด้วยความโล่งใจ** **ครับ** 여동생이 안도의 한숨을 쉬었어요.	후련하다, 마음 놓이 다, 통쾌하 다
☐ น้อยใจ	**น้อยใจแม่ที่ไม่ยอมมาเยี่ยมที่โรง** **พยาบาลค่ะ** 엄마가 병문안을 오지 않으려 하셔서 서운했어요.	섭섭하다, 불만있다
☐ ประทับใจ	**ครูประทับใจกับผลงานของผมครับ** 선생님은 제 작품에 감명받았습니다.	뿌듯하다, 감동하다
☐ ภูมิใจ	**ภูมิใจในตัวน้องที่เป็นทหารค่ะ** 군인인 동생이 자랑스럽습니다.	자랑스럽 다, 보람있 다
☐ สบายใจ	**ผมรู้สึกสบายใจเวลาอยู่บ้านครับ** 저는 집에 있을 때 마음이 편합니다.	마음이 편 안하다, 홀 가분하다

| □ เบื่อ | ฉันรู้สึกเบื่อที่อยู่แต่บ้านค่ะ | 지루하다, |
| | 저는 집에만 있는 게 지겹습니다. | 질리다 |

| □ เหงา | คุณยายเหงาเพราะคุณตาเสียแล้วครับ | 외롭다 |
| | 할머니는 할아버지가 돌아가셔서 외롭습니다. | |

| □ กลัว | ฉันกลัวผีค่ะ | 무섭다 |
| | 저는 귀신이 무서워요. | |

| □ หิว | ตอนนี้หิวจะตายอยู่แล้วครับ | 배고프다 |
| | 지금 배고파 죽을 지경이에요. | |

| □ อิ่ม | ไปร้านอาหารบุฟเฟ่ต์ต้องกินให้อิ่มค่ะ | 배부르다 |
| | 뷔페 식당에 가면 배부르게 먹어야 해요. | |

□ สดชื่น	อาบน้ำเย็นแล้วรู้สึกสดชื่นครับ	상쾌하다,
	찬물로 샤워하고 나면 기분이 상쾌합니다.	개운하다,
		싱싱하다

| □ เหนื่อย | เวลาเราเหนื่อยก็ควรพักก่อนค่ะ | 피곤하다 |
| | 우리는 피곤할 때 우선 쉬어야 합니다. | |

1 다음 단어와 반대 의미를 연결하세요.

(1) ใจกว้าง   •   • ใจร้อน

(2) ใจแข็ง   •   • ใจกล้า

(3) ใจขลาด   •   • ใจแคบ

(4) ใจเย็น   •   • หิว

(5) อิ่ม   •   • ใจอ่อน

2 다음 그림을 보고 어떠한 감정인지 알맞은 표현을 쓰세요.

(1)    (2)    (3)

   (   )   (   )   (   )

3 괄호에 들어갈 알맞은 단어를 고르세요.

(1) 지금 배고파 죽을 지경이에요.

    ตอนนี้(   )จะตายอยู่แล้วครับ

(2) 우리는 피곤할 때 우선 쉬어야 합니다.

    เวลาเรา(   )ก็ควรพักก่อนค่ะ

● 주어진 의미와 발음에 해당하는 올바른 태국어에 ○표시 한 다음 따라 써 보세요.

1

| 의미 | 물탱크 |
| 발음 | [탱나́ㅁ] |

⟋

แท็งกน้ำ	แท้งกน้ำ
( )	( )

2

| 의미 | 관례, 관습 |
| 발음 | [탐니-얌] |

⟋

ทำเนียม	ธรรมเนียม
( )	( )

3

| 의미 | 너트(nut) |
| 발음 | [넛] |

⟋

น็อต	นอต
( )	( )

정답 **1** แท็งค์น้ำ **2** ธรรมเนียม **3** นอต

일상 (1)

1 하루 일과

☐ ตื่นนอน	**เวลาผมตื่นนอนจะบิดขี้เกียจก่อนครับ** 저는 잠에서 깨면 먼저 기지개를 켭니다.	(잠에서)깨 다, 일어나 다
☐ อาบน้ำ	**น้องอาบน้ำนานมากค่ะ** 동생은 샤워를 너무 오래 합니다.	샤워하다
☐ แปรงฟัน	**แม่สอนผมแปรงฟันแต่เด็กครับ** 엄마는 저에게 어렸을 때부터 양치질을 가르쳐 주셨습 니다.	양치질하 다
☐ สระ	**เวลาสระผมต้องไม่ใช้เล็บค่ะ** 머리를 감을 때 손톱을 사용하면 안 됩니다. **TIP** '머리를 감다, 연못'의 의미로 사용할 경우 [싸](1성 단모음)로 발음합니다.	(머리)감 다, 연못
☐ สระผม	**ร้านตัดผมคิดค่าสระผมแพงมากครับ** 이발소(미용실)는 샴푸 비용이 많이 듭니다.	머리를 감 다
☐ โกนหนวด	**ผู้ชายโกนหนวดแล้วดูดีค่ะ** 남자는 면도하고 나면 보기 좋습니다.	면도하다
☐ ล้างหน้า	**เราควรล้างหน้าทุกเช้าครับ** 우리는 매일 아침 세수를 해야 합니다.	세수하다
☐ หวีผม	**เป่าผมเสร็จควรหวีผมด้วยค่ะ** 머리를 말리고 나서 머리를 빗어야 합니다.	머리를 빗 다
☐ ใส่เสื้อ	**เวลาใส่เสื้อต้องติดกระดุมให้เรียบร้อย ครับ** 옷 입을 때 단추를 잘 끼워야 합니다.	옷을 입다

ไปทำงาน	**ฉัน**ไปทำงาน**ตอนสิบโมงค่ะ**	일하러 가다(출근하다)
	저는 아침 열 시에 출근합니다.	
กินข้าวกลางวัน	**คนเกาหลีมีเวลา**กินข้าวกลางวัน**น้อยมากครับ**	점심을 먹다
	한국 사람들은 점심 먹을 시간이 매우 적습니다.	
ทำงานดึก	**บริษัทเพื่อนฉัน**ทำงานดึก**ทุกวันเลยค่ะ**	늦게까지 일하다(야근하다)
	제 친구 회사는 매일 늦게까지 일합니다.	
กลับบ้าน	**เวลา**กลับบ้าน**จะมีความสุขที่สุดครับ**	집에 돌아가다(귀가하다)
	집에 갈 때가 제일 행복합니다.	
โทรหาแฟน	**เวลาว่างชอบ**โทรหาแฟน**ค่ะ**	애인에게 전화하다
	한가할 때(틈틈이) 남자친구에게 전화하는 것을 좋아합니다.	
เล่นเกม	**การ**เล่นเกม**เป็นงานอดิเรกของผมครับ**	게임하다
	게임하는 것이 저의 취미입니다.	
เข้านอน	**สามทุ่มเป็นเวลา**เข้านอน**ของลูกครับ**	잠자리에 들다
	밤 9시는 아이가 잠자리에 드는 시간입니다.	

1 다음 중 화장실에서 할 수 있는 일을 모두 고르세요.

① สระผม   ② อาบน้ำ   ③ กลับบ้าน   ④ ล้างหน้า   ⑤ แปรงฟัน   ⑥ ไปทำงาน

2 다음 그림에 해당하는 단어를 알맞게 써 보세요.

(1) (　　)　　　(2) (　　)　　　(3) (　　)

3 괄호에 들어갈 알맞은 단어를 써 보세요.

(1) 머리를 감을 때 손톱을 사용하면 안 됩니다.

　　เวลา(　　　　　　)ผมต้องไม่ใช้เล็บค่ะ

(2) 머리를 말리고 나서 머리를 빗어야 합니다.

　　เป่าผมเสร็จควร(　　　　　)ด้วยค่ะ

(3) 저는 아침 열 시에 출근합니다.

　　ฉัน(　　　　　)ตอนสิบโมงค่ะ

● 주어진 의미와 발음에 해당하는 올바른 태국어에 ○표시 한 다음 따라 써 보세요.

1

의미 핵(nuclear)
발음 [니ᅮ우클리ᅳ야]

นิวเคลีย	นิวเคลียร์
( )	( )

2

의미 나이트클럽(nightclub)
발음 [나ᅵ이클ᴗ랍]

ไนต์คลับ	ไนท์คลับ
( )	( )

3

의미 직선, 행
발음 [반탓]

บันทัด	บรรทัด
( )	( )

정답 1 นิวเคลียร์　2 ไนต์คลับ　3 บรรทัด

☐ **ศูนย์**

ทีมของเราชนะไปสามต่อศูนย์ค่ะ
우리 팀이 3 대 0으로 이겼습니다.

TIP 숫자 0은 태국어의 고유숫자 ๐으로도 표기합니다.

숫자 0, 중심, 센터, 상실하다

☐ **หนึ่ง**

ผมมีน้องหนึ่งคนครับ
저는 동생이 한 명 있습니다.

TIP 숫자 1은 태국어의 고유숫자 ๑으로도 표기합니다.

숫자 1

☐ **สอง**

เรื่องนี้มีความเป็นไปได้สองอย่างค่ะ
이 사건은 두 가지 가능성이 있습니다.

TIP 숫자 2는 태국어의 고유숫자 ๒으로도 표기합니다.

숫자 2

☐ **สาม**

แม่เป็นลูกคนที่สามครับ
엄마는 셋째입니다.

TIP 숫자 3은 태국어의 고유숫자 ๓으로도 표기합니다.

숫자 3

☐ **สี่**

ห้างนี้มีสี่ชั้นค่ะ
이 쇼핑몰은 4층이에요.

TIP 숫자 4는 태국어의 고유숫자 ๔으로도 표기합니다.

숫자 4

☐ **ห้า**

บ้านฉันมีห้าห้องนอนครับ
저희 집은 침실이 5개 있습니다.

TIP 숫자 5는 태국어의 고유숫자 ๕으로도 표기합니다.

숫자 5

☐ **หก**

เลขหกเป็นเลขคู่ค่ะ
숫자 6은 짝수입니다.

TIP 숫자 6은 태국어의 고유숫자 ๖으로도 표기합니다.

숫자 6, 넘치다, 엎지르다

☐ **เจ็ด**

คนแคระในสโนไวท์มีเจ็ดคนครับ
(백설공주의)난쟁이는 7명 입니다.

TIP 숫자 7은 태국어의 고유숫자 ๗으로도 표기합니다.

숫자 7

☐ แปด	**นักกีฬาคนนั้นกินข้าววันละแปดมื้อค่ะ**	숫자 8
	그 운동선수는 하루에 여덟 끼를 먹습니다.	
	TIP 숫자 8은 태국어의 고유숫자 ๘으로도 표기합니다.	

☐ เก้า	**บ้านเพื่อนมีรถเก้าคันครับ**	숫자 9
	친구 집에는 차가 9대 있습니다.	
	TIP 숫자 9는 태국어의 고유숫자 ๙으로도 표기합니다.	

☐ สิบ	**น้องชายอายุสิบขวบค่ะ**	숫자 10
	남동생 나이는 10살입니다.	

☐ สิบเอ็ด	**ปีหน้าน้องชายอายุสิบเอ็ดขวบครับ**	숫자 11
	남동생은 내년에 11살입니다.	
	TIP 십 단위에서의 1은 หนึ่ง 아닌 เอ็ด으로 사용합니다.	

☐ ยี่สิบ	**น้ำเปล่ายี่ห้อนี้ราคายี่สิบบาทค่ะ**	숫자 20
	이 브랜드의 생수 가격은 20바트 입니다.	

☐ ร้อย	**ในสนามบินมีคนเป็นร้อยครับ**	100
	공항에는 수백 명이 있습니다.	

☐ พัน	**ธนบัตรหนึ่งพันบาทเป็นสีน้ำตาลค่ะ**	1,000, 감다, 둘러싸다
	천 바트짜리 지폐는 갈색입니다.	

☐ หมื่น	**เงินเดือนบางคนไม่ถึงหมื่นบาทครับ**	10,000
	월급이 만 바트도 안 되는 사람이 있습니다.	

☐ แสน	**เมืองนี้มีคนหลายแสนคนค่ะ**	십만
	이 도시에는 수십만 명의 사람들이 있습니다.	
	TIP 십만은 สิบหมื่น이 아님에 주의하세요.	

ล้าน	ประเทศนี้มีประชากรไม่ถึงล้านคนครับ	백만
	이 나라는 인구가 백만 명도 안 됩니다.	
	TIP 백만은 *십만*이 아님에 주의하세요.	

| สิบล้าน | รางวัลชนะเลิศในรายการนี้คือสิบล้านบาทค่ะ | 천만 |
| | 이 프로그램의 우승 상금은 천만바트 입니다. | |

| ร้อยล้าน | เศรษฐีมีเงินเป็นร้อยล้านบาทครับ | 억 |
| | 백만장자는 수억 바트가 있습니다. | |

| ชั่วโมง | หนึ่งวันมี 24 ชั่วโมงค่ะ | 시간 |
| | 하루는 24시간 입니다. | |

| นาที | หนึ่งชั่วโมงมีหกสิบนาทีครับ | 분 |
| | 한 시간은 60분 입니다. | |

| วินาที | หนึ่งนาทีมีหกสิบวินาทีค่ะ | 초 |
| | 1분은 60초 입니다. | |

เมื่อวานนี้	เมื่อวานนี้เป็นวันเกิดของยายครับ	어제
	어제는 할머니의 생신이었습니다.	
	TIP เมื่อวานนี้는 เมื่อวาน으로도 사용할 수 있어요.	

| วันนี้ | วันนี้เป็นวันครบรอบสามร้อยวันกับแฟนค่ะ | 오늘 |
| | 오늘은 남자친구와 함께한 300일 기념일입니다. | |

| พรุ่งนี้ | พรุ่งนี้เป็นวันหยุดครับ | 내일 |
| | 내일은 휴일이에요. | |

☐ ตอนเช้า	**ตอนเช้ายังหนาวอยู่ค่ะ** 아침에 여전히 춥습니다.	아침(에)
☐ ตอนเที่ยง	**ตอนเที่ยงอากาศร้อนมากครับ** 한낮(정오)에는 날씨가 정말 덥습니다.	정오(에)
☐ ตอนกลางวัน	**ตอนกลางวันจะรู้สึกง่วงค่ะ** 낮에는 졸립니다.	점심, 낮 (에)
☐ ตอนบ่าย	**ตอนบ่ายมีนัดกินข้าวกับเพื่อนครับ** 오후에 친구들과 밥 먹기로 약속했습니다.	오후(에)
☐ ตอนเย็น	**ตอนเย็นออมชอบออกไปหาอะไรกินค่ะ** 엄은 저녁에 나가서 무언가 먹는 것을 좋아합니다.	저녁(에)
☐ ตอนกลางคืน	**ตอนกลางคืนท้องฟ้าจะมืดครับ** 밤에는 하늘이 어둡습니다.	밤(에)

1 다음 물건의 개수에 해당하는 숫자를 태국어로 써 보세요.

(1)

( )

(2)

( )

(3)

( )

2 다음 아라비아 숫자에 해당하는 태국어를 바르게 써 보세요.

(1) 0   (   )

(2) 4   (   )

(3) 8   (   )

(4) 11   (   )

(5) 20   (   )

(6) 21   (   )

(7) 136   (   )

(8) 2, 700   (   )

(9) 85, 000 (   )

(10) 396, 000 (   )

● 주어진 의미와 발음에 해당하는 올바른 태국어에 ○표시 한 다음 따라 써 보세요.

1

의미 (악기 등으로)연주하다
발음 [반레ー이]

บรรเลง	บันเลง
( )	( )

2

의미 박테리아(bacteria)
발음 [배ーㄱ티ー리ー야]

แบกทีเรีย	แบคทีเรีย
( )	( )

3

의미 방갈로(bungalow)
발음 [방까ㄹ로ー]

บังกาโล	บังกะโล
( )	( )

정답 **1** บรรเลง **2** แบคทีเรีย **3** บังกะโล

☐ วันจันทร์	วันจันทร์**เป็นวันแรกของสัปดาห์ค่ะ** 월요일은 한 주의 첫 번째 날입니다.	월요일
☐ วันอังคาร	วันอังคาร**นี้ไม่มีเรียนครับ** 이번 주 화요일은 수업이 없어요.	화요일
☐ วันพุธ	วันพุธ**นี้มีอะไรไหมคะ** 이번 주 수요일에 뭐 있어요?	수요일
☐ วันพฤหัสบดี	วันพฤหัสบดี**นี้จะไปเกาหลีครับ** 이번 주 목요일에 한국에 갑니다. **TIP** 목요일은 줄여서 วันพฤหัส로도 사용합니다.	목요일
☐ วันศุกร์	วันศุกร์**เป็นวันที่มีความสุขค่ะ** 금요일은 행복한 날이에요.	금요일
☐ วันเสาร์	**พี่ชอบออกไปเที่ยวทุก**วันเสาร์**ครับ** 형은 매주 토요일 놀러가는 것을 좋아해요.	토요일
☐ วันอาทิตย์	วันอาทิตย์**นี้เป็นวันเกิดแฟนค่ะ** 이번 주 일요일은 남자친구의 생일이에요.	일요일
☐ วันธรรมดา	**ฉันเล่นโยคะใน**วันธรรมดา**ค่ะ** 저는 평일에 요가를 합니다.	평일
☐ มกราคม	มกราคม**เป็นเดือนแรกของปีค่ะ** 1월은 일년 중 첫 번째 달입니다.	1월

กุมภาพันธ์	กุมภาพันธ์**เป็นเดือนที่มียี่สิบแปดวันครับ** 2월은 28일이 있는 달입니다.	2월
มีนาคม	มีนาคม**เป็นเดือนที่มีวันหยุดเยอะค่ะ** 3월은 휴일이 많은 달입니다.	3월
เมษายน	**มีงานวันเกิดของครูในเดือน**เมษายน **ครับ** 4월에 선생님의 생일파티가 있습니다.	4월
พฤษภาคม	**เดือน**พฤษภาคม**เป็นเดือนสำหรับ** **ครอบครัวครับ** 5월은 가정을 위한 달입니다.	5월
มิถุนายน	**แม่เกิดเดือน**มิถุนายน**ค่ะ** 엄마는 6월에 태어나셨어요.	6월
กรกฎาคม	**น้องไปเที่ยวเกาหลีเดือน**กรกฎาคม**ครับ** 동생은 7월에 한국에 놀러갔습니다.	7월
สิงหาคม	**เดือน**สิงหาคม**มีฝนตกหนักค่ะ** 8월에는 비가 많이 내립니다.	8월
กันยายน	**เดือน**กันยายน**มีเทศกาลชูซ็อกครับ** 9월에는 추석명절이 있습니다.	9월
ตุลาคม	**ฉันชอบเดือน**ตุลาคม**เพราะอากาศไม่** **หนาวเกินไปค่ะ** 저는 10월이 날씨가 너무 춥지 않아서 좋습니다.	10월

□ พฤศจิกายน	พฤศจิกายน**จะเริ่มหนาวแล้วครับ** 11월에 추워지기 시작합니다.	11월
□ ธันวาคม	**เดือน**ธันวาคม**ปีที่แล้วหิมะตกหนักมาก** **ค่ะ** 작년 12월에 눈이 많이 내렸습니다.	12월

1 다음 요일 중 <u>틀리게</u> 연결된 요일을 모두 고르세요.

① 일요일 – **วันอาทิตย์**　　　　② 월요일 – **วันเสาร์**

③ 화요일 – **วันอังคาร**　　　　④ 수요일 – **วันพุธ**

⑤ 목요일 – **วันพฤหัสบดี**　　　⑥ 금요일 – **วันจันทร์**

2 다음 그림 중 한국의 계절에 해당하는 월 중 <u>틀린</u> 것은?

(1)

เมษายน / พฤษภาคม

(2)

กรกฎาคม / สิงหาคม

(3)

พฤศจิกายน / ธันวาคม

(4)

มกราคม / กุมภาพันธ์

쉬어가기 태국인도 자주 틀리는 태국어 단어

● 주어진 의미와 발음에 해당하는 올바른 태국어에 ○표시 한 다음 따라 써 보세요.

1

의미 개성, 인격, 인성
발음 [북카ㄹ릭카파-ㅂ]

บุคลิกภาพ	บุคคลิกภาพ
( )	( )

2

의미 천생연분, 인연
발음 [붑페-싼니와-ㅅ]

บุพเพสันนิวาศ	บุพเพสันนิวาส
( )	( )

3

의미 브레이크(brake)
발음 [브레-ㄱ]

เบรก	เบรค
( )	( )

정답 **1** บุคลิกภาพ **2** บุพเพสันนิวาส **3** เบรก

☐ ฤดูร้อน	**ในฤดูร้อนอาหารจะเสียง่าย ๆ ครับ** 여름에는 음식이 상하기 십상입니다. **TIP** '계절'의 의미가 있는 ฤดู는 회화체에서 **หน้า**라고 말 할 수도 있어요.	여름
☐ ฤดูฝน	**ฉันไม่ชอบฤดูฝนเพราะถนนเปียกค่ะ** 저는 길이 젖어서 우기가(장마철이) 싫습니다.	우기, 장마
☐ ฤดูหนาว	**ฤดูหนาวที่ไทยไม่หนาวเลยครับ** 태국의 겨울은 전혀 춥지 않습니다.	겨울
☐ ฤดูใบไม้ผลิ	**ฤดูใบไม้ผลิที่เกาหลีสวยงามมากค่ะ** 한국의 봄은 매우 아름답습니다.	봄
☐ ฤดูใบไม้ร่วง	**ฤดูใบไม้ร่วงเป็นฤดูที่ถ่ายรูปสวยครับ** 가을은 사진을 찍으면 좋은 계절입니다.	가을
☐ อุณหภูมิ	**อุณหภูมิห้องเป็นอุณหภูมิที่พอดีค่ะ** 실내온도는 적당한 온도입니다.	기온, 온도
☐ ภูมิอากาศ	**ประเทศไทยแต่ละถิ่นมีภูมิอากาศที่แตกต่างกัน** 태국은 지역마다 기후가 다르다.	기후, 날씨
☐ องศา	**อุณหภูมิตอนนี้สิบหกองศาค่ะ** 현재 기온은 16도 입니다.	도 (degree)
☐ อากาศเย็น	**วันนี้อากาศเย็นสบายน่าออกไปเที่ยวครับ** 오늘은 날씨가 선선해서 나들이 하기에 좋습니다.	날씨가 시원하다, 시원한 날씨

อากาศร้อน	ประเทศไทยเป็นประเทศที่มีอากาศร้อนทั้งปีค่ะ	날씨가 덥다, 더운 날씨
	태국은 일년 내내 날씨가 더운 나라입니다.	
อากาศหนาว	อากาศหนาว**ต้องระวังเป็นหวัดครับ**	날씨가 춥다, 추운 날씨
	날씨가 추우니 감기 조심하세요.	
อบอุ่น	เวลาห่มผ้านอนแล้วรู้สึกอบอุ่นค่ะ	따뜻하다
	이불을 덥고 누우면(자면) 따뜻합니다.	
อบอ้าว	ฤดูร้อนของไทยจะรู้สึกอบอ้าวครับ	무덥다, 푹푹찌는 더위
	태국의 여름은 후텁지근합니다.	
แจ่มใส	ท้องฟ้าวันนี้แจ่มใสมากค่ะ	화창하다, 청명하다
	오늘은 하늘이 매우 화창합니다.	
ฝนตก	ฝนตก**ต้องขับรถระวังครับ**	비가 내리다
	비가 오니까 운전 조심하세요.	
หิมะตก	หิมะตก**ต้องเดินอย่างระมัดระวังค่ะ**	눈이 내리다
	눈이 내려서 조심히 걸어야 합니다.	
มีเมฆ	ท้องฟ้าวันนี้มีเมฆสวยจังครับ	구름이 끼다
	오늘 하늘은 구름이 정말 예쁩니다.	
มีหมอก	ช่วงเช้าจะชอบมีหมอกค่ะ	안개가 끼다
	오전에는 안개가 자주 낍니다.	

มีลม	ชายทะเลจะมีลมพัดมาตลอดครับ	บารัม	바람이 분다

มีลม	ชายทะเลจะมีลมพัดมาตลอดครับ 바닷가에는 바람이 계속 붑니다.	바람이 분다
ฟ้าแลบ	หมาที่บ้านฉันกลัวเวลาฟ้าแลบค่ะ 저희집 개는 번개가 칠 때 무서워합니다.	번개(가 치다), 벼락
ฟ้าร้อง	น้องร้องไห้เพราะตกใจเสียงฟ้าร้องครับ 동생은 천둥 소리에 놀라 울었습니다.	천둥(이 치다)
ชื้น	ฉันคิดว่าวันนี้ต้องเปิดเครื่องปรับ ความชื้นค่ะ 제 생각에 오늘은 가습기를 틀어야 할 것 같아요.	습하다, 습기차다
แห้ง	อากาศในห้องแห้งมากครับ 방 안에 공기가 매우 건조해요.	건조하다
น้ำท่วม	จังหวัดสระบุรีจัดการประชุมเตรียม ความพร้อมรับมือน้ำท่วมค่ะ 사라부리 주에서는 홍수 대응 준비 회의를 마련했습니다.	홍수
หน้าแล้ง	ชาวบ้านต้องประหยัดน้ำไว้สำหรับเวลา หน้าแล้งครับ 주민들은 가뭄을 대비해 물을 아껴야만 합니다.	가뭄
พายุฝน	พายุฝนกระหน่ำพื้นที่ภาคกลางค่ะ 폭풍우가(비바람이) 중부지역을 강타했습니다.	비바람, 폭풍우

1 다음 그림에 해당하는 태국의 3계절을 태국어로 써 보세요.

①   ②   ③

(   )   (   )   (   )

2 다음 그림에 해당하는 날씨를 올바르게 연결하세요.

①   •   • ฝนตก

②   •   • หิมะตก

③   •   • ฟ้าแลบ

④   •   • อากาศเย็น

정답

1 ① ฤดูร้อน   ② ฤดูฝน   ③ ฤดูหนาว
2 ① อากาศเย็น   ② ฝนตก   ③ หิมะตก   ④ ฟ้าแลบ

● 주어진 의미와 발음에 해당하는 올바른 태국어에 ○표시 한 다음 따라 써 보세요.

1

의미 평가(산정)하다, 어림잡다
발음 [쁘라므ㅓ-ㄴ]

ประเมิณ	ประเมิน
( )	( )

2

의미 경험
발음 [쁘라쏩까-ㄴ]

ประสบการณ์	ประสพการณ์
( )	( )

3

의미 출현하다, 나타나다
발음 [쁘라-꼿]

ปรากฏ	ปรากฎ
( )	( )

정답 **1** ประเมิน   **2** ประสบการณ์   **3** ปรากฏ

สีเหลือง	**วันจันทร์สีเหลืองค่ะ** 월요일은 노란색입니다.	노란색
สีชมพู	**วันอังคารต้องใส่เสื้อสีชมพูครับ** 화요일에는 분홍색 옷을 입어야 합니다.	분홍색, 핑크색
สีเขียว	**ใบไม้สีเขียวค่ะ** 나뭇잎은 초록색입니다.	초록색
สีส้ม	สีส้มเป็นสีโปรดของผมครับ 주황색은 제가 좋아하는 색깔입니다.	주황색, 오렌지색
สีฟ้า	**ฉันเคยอยู่สีฟ้าตอนกีฬาสีค่ะ** 저는 운동회 때 하늘색(편)이었던 적이 있습니다.	하늘색
สีม่วง	สีม่วง**เป็นสีที่สวยมากครับ** 보라색은 아주 예쁜 색깔입니다.	보라색
สีแดง	สีแดง**เป็นสีที่ดูดุเดือดค่ะ** 빨간색은 격렬해 보이는 색입니다.	빨간색
สีสัน	**รุ้งมีสีสันหลากหลายครับ** 무지개는 색깔이 다채롭습니다.	색깔, 다채롭다
สีขาว	**ชุดนักเรียนเป็นสีขาวค่ะ** 교복은 흰색입니다.	흰색

สีดำ	สีดำคือสีทางการของงานศพค่ะ 검은색은 장례식의 공식 색깔입니다.	검은색
สีเทา	ลูกแมวสีเทานอนอย่างเหงาอยู่ข้างหน้าต่างค่ะ 회색 고양이가 창가에 쓸쓸히 누워 있어요.	회색
สีเงิน	เหรียญห้าบาทเป็นสีเงินครับ 5바트짜리 동전은 은색입니다.	은색
สีน้ำเงิน	รถคันนี้สีน้ำเงินค่ะ 이 차는 남색입니다.	남색
สีทอง	คนจีนชอบสีทองครับ 중국인은 금색을 좋아합니다.	금색
สีน้ำตาล	ลำต้นของต้นไม้เป็นสีน้ำตาลค่ะ 나무의 줄기는 갈색입니다.	갈색
ช็อปปิ้ง	แฟนเป็นคนชอบช็อปปิ้งครับ 여자친구는 쇼핑을 좋아합니다.	쇼핑
ดูหนัง	ฉันชอบดูหนังอยู่บ้านคนเดียวค่ะ 저는 집에서 혼자 영화 보는 것을 좋아합니다.	영화를 보다
ฟังเพลง	เวลาทำงานบ้านต้องฟังเพลงด้วยครับ 집안일을 할 때는 음악을 들어야 합니다.	노래를 듣다

☐ทำแบบจำลอง	**การทดลองครั้งนี้เป็นการ**ทำแบบจำลอง**ค่ะ** 이번 실험은 모형을 만드는 것입니다.	모형을 만들다
☐ ตกปลา	**พ่อชอบไป**ตกปลา**ครับ** 아빠는 낚시하러 가는 것을 즐기십니다.	낚시하다
☐ ถ่ายรูป	**น้องสาวชอบ**ถ่ายรูป**ที่คาเฟ่ค่ะ** 여동생은 카페에서 사진 찍는 것을 좋아합니다.	사진을 찍다
☐ ท่องเที่ยว	**โรคระบาดทำให้การ**ท่องเที่ยว**ขัดข้องครับ** 전염병은 관광(산업)에 지장을 줍니다(저해합니다).	여행(관광)하다
☐ ปีนเขา	**นิดาชอบ**ปีนเขา**ค่ะ** 니다는 등산을 좋아합니다.	등산하다
☐ อ่านหนังสือ	**ถ้าอยากฉลาดต้อง**อ่านหนังสือ**มาก ๆ ครับ** 똑똑해지려면 책을 많이 읽어야 합니다.	책을 읽다 (독서하다)
☐ ชมกีฬา	**พ่อชอบ**ชมกีฬา**ก่อนนอนค่ะ** 아빠는 주무시기 전에 스포츠 보는 것을 좋아하십니다.	스포츠(경기)를 관람하다
☐ พับกระดาษ	พับกระดาษ**ช่วยให้ใจเย็นลงครับ** 종이 접는 것은 마음을 진정시키는 데 도움이 됩니다.	종이를 접다
☐ ทำอาหาร	**เชฟเอียน**ทำอาหาร**เก่งมากค่ะ** 이안 셰프는 요리를 아주 잘 합니다.	요리하다

96

ต่อจิ๊กซอว์	ต่อจิ๊กซอว์**ต้องใช้เวลานานมากครับ** 퍼즐 만드는 데 시간이 많이 걸렸습니다.	퍼즐을 맞 추다
วาดภาพ	**สมชาย**วาดภาพ**นี้ค่ะ** 솜차이가 이 그림을 그렸습니다.	그림을 그 리다
สะสมแสตมป์	**เมื่อก่อนพ่อชอบ**สะสมแสตมป์**ครับ** 아빠는 옛날에 우표수집을 좋아하셨습니다.	우표를 수 집하다

1 다음의 색에 해당하는 태국어를 올바르게 연결하세요.

①   •   • สีส้ม

②   •   • สีเหลือง

③   •   • สีเขียว

④   •   • สีชมพู

2 괄호에 들어갈 알맞은 단어를 써 보세요.

① **빨간색**은 격렬해 보이는 색입니다.

(　　　　)เป็นสีที่ดูดุเดือดค่ะ

② **검은색**은 장례식의 공식 색깔입니다.

(　　　　)คือสีทางการของงานศพค่ะ

③ 나무의 줄기는 **갈색**입니다.

ลำต้นของต้นไม้เป็น(　　　　)ค่ะ

3 괄호에 들어갈 알맞은 단어를 써 보세요.

① 여동생은 카페에서 **사진 찍는** 것을 좋아합니다.

น้องสาวชอบ(　　　　)ที่คาเฟ่ค่ะ

② 아빠는 주무시기 전에 **스포츠 보는** 것을 좋아하십니다.

พ่อชอบ(　　　　)ก่อนนอนค่ะ

정답

1 ① สีเหลือง　② สีชมพู　③ สีเขียว　④ สีส้ม　　2 ① สีแดง　② สีดำ　③ สีน้ำตาล
3 ① ถ่ายรูป　② ชมกีฬา

98

● 주어진 의미와 발음에 해당하는 올바른 태국어에 ○표시 한 다음 따라 써 보세요.

1

의미 소망하다, 바라다
발음 [쁘라ー-ㅅ타나ー-]

ปราถนา	ปรารถนา
( )	( )

2

의미 기적, 초능력, 신비하다
발음 [빠띠하ー-ㄴ]

ปาฏิหาริย์	ปาฏิหาร์ย์
( )	( )

3

의미 야유회, 소풍
발음 [삑닉]

ปิคนิค	ปิกนิก
( )	( )

정답 **1** ปรารถนา **2** ปาฏิหาริย์ **3** ปิกนิก

| เสื้อผ้า | **หน่อยชอบเย็บเสื้อผ้าค่ะ** | 의복, 의류, 옷 |
| | 너이는 옷 꿰메는 걸 좋아해요. | |

| เสื้อยืด | **อยู่บ้านต้องใส่เสื้อยืดครับ** | 티셔츠 |
| | 집에서는 티셔츠를 입고 있어야 해요. | |

| เสื้อคอปก | **น้องชายฉันใส่แต่เสื้อคอปกค่ะ** | 깃이 있는 상의 |
| | 제 남동생은 카라 티셔츠만 입어요. | |

| เสื้อแจ็คเก็ต | **เวลาหนาวต้องใส่เสื้อแจ็คเก็ตครับ** | 점퍼, 재킷 (jacket) |
| | 추울 때에는 재킷을 입어야 해요. | |

| เสื้อโปโล | **คนแก่ชอบใส่เสื้อโปโลค่ะ** | 폴로 (polo)셔츠 |
| | 노인들은 폴로 셔츠를 즐겨 입어요. | |

| เสื้อเชิ้ต | **คนทำงานบริษัทชอบใส่เสื้อเชิ้ตครับ** | 셔츠, 와이셔츠, 남방 |
| | 직장인들은 와이셔츠를 즐겨 입습니다. | |

| เสื้อแขนสั้น | **เวลาร้อนชอบใส่เสื้อแขนสั้นค่ะ** | 반팔 옷 |
| | 더울 때는 반팔을 즐겨 입습니다. | |

| เสื้อแขนยาว | เสื้อแขนยาว**ตัวนี้ราคาเท่าไหร่ครับ** | 긴팔 옷 |
| | 이 긴팔 상의는 얼마예요? | |

| เสื้อนอก | **ถ้ายังหนาวต้องใส่เสื้อนอกทับไปอีกค่ะ** | 겉옷, 외투 |
| | 그래도 추우면 외투를 더 겹쳐 입어야 해요. | |

กางเกงขาสั้น	กางเกงขาสั้น**ตัวนี้สั้นเกินไปค่ะ** 이 반바지는 너무 짧아요.	반바지
กางเกงขายาว	**ฉันชอบใส่**กางเกงขายาว**ค่ะ** 저는 긴바지 입는 것을 좋아합니다.	긴 바지
กางเกงยีนส์	กางเกงยีนส์**ใส่สบายครับ** 청바지는 입기 편합니다.	청바지
กระโปรงสั้น	**เวลาไปวัดไม่ควรใส่**กระโปรงสั้น**ค่ะ** 사원에 갈 때에는 짧은 치마(미니스커트)를 입어서는 안 됩니다.	짧은 치마, 미니스커 트
กระโปรงยาว	**ขอ**กระโปรงยาว**สามตัวนี้หน่อยค่ะ** 이 스커트 세 장(벌) 주세요.	긴 치마, 스커트
กระโปรงจีบ	**รุ่นแม่เคยใส่**กระโปรงจีบ**ไปโรงเรียนค่ะ** 엄마 세대는 주름치마를 입고 학교에 다녔었습니다.	주름치마
ชุดชั้นใน	ชุดชั้นใน**มีหลายสีค่ะ** 속옷은 색깔이 다양합니다.	속옷, 내의
ชุดนอน	ชุดนอน**ควรใส่สบายค่ะ** 잠옷은 편하게 입어야 합니다.	잠옷
ชุดว่ายน้ำ	ชุดว่ายน้ำ**ราคาแพงมากครับ** 수영복이 너무 비싸요.	수영복

☐ คับ	กางเกงตัวนี้คับเกินไปค่ะ 이 바지는 너무 꽉 끼어요.	(옷 등이) 꼭 끼다, 갑갑하다
☐ หลวม	พอลดน้ำหนักแล้วกางเกงหลวมมาก ครับ 살을 빼고 났더니 바지가 너무 헐렁합니다.	느슨하다, 헐렁하다
☐ พอดี	เสื้อตัวนี้ใส่พอดีเลยค่ะ 이 옷은 딱 맞아요.	딱 맞다
☐ ผมสั้น	ทหารทุกคนผมสั้นครับ 모든 군인은 머리가 짧습니다.	짧은 머리, 단발
☐ ผมยาว	ผู้ชายผมยาวดูไม่สะอาดค่ะ 긴 머리를 한 남자는 깨끗(깔끔)해 보이지 않아요.	긴 머리, 장발
☐ ผมตรง	คนผมตรงจะจัดทรงง่ายครับ 생머리인 사람은 스타일링이 쉽습니다.	생머리
☐ ผมหยิก	คนผมหยิกอาจจะเจ็บตอนหวีผมครับ 곱슬머리인 사람은 아마도 머리를 빗을 때 아플 거예 요.	곱슬머리
☐ ดัดผม	ฉันกำลังจะไปดัดผมค่ะ 파마(머리) 하러 가는 길이에요.	파마하다
☐ ผมมัด	ผู้หญิงออกกำลังกายส่วนใหญ่จะทำผม มัดครับ 운동하는 여성들은 대부분 머리를 묶습니다.	(뒤로)묶은 머리

ผมหงอก	คนแก่จะมีผมหงอกค่ะ 노인은 흰 머리가 납니다.	흰머리, 백발
ผมดก	ผมของเธอยาวและผมดกดำครับ 그녀의 머리는 길고 숱이 많은 검은 머리입니다.	숱이 많은 머리, 덥수룩한 머리
ผมแสก	คนที่ผมแสกต้องระวังผมร่วงค่ะ 가르마 머리인 사람은 탈모에 주의해야 합니다.	가르마를 탄 머리
ย้อมผม	ย้อมผมเองราคาถูกมากครับ 직접 염색을 하는 것이 매우 저렴합니다.	머리를 염색하다
วิกปลอม	วิกปลอมราคาแพงกว่าที่คิดค่ะ 가발 가격이 생각보다 더 비쌉니다.	가발
แชมพู	แชมพูสมุนไพรดีต่อหนังศีรษะค่ะ 허브 샴푸는 두피에 좋습니다.	샴푸
แหนบ	แหนบใช้ดึงขนตาออกครับ 족집게는 속눈썹을 뽑는 데 사용합니다.	족집게, 꼬집다
หวี	หวีผมบ่อยช่วยให้ผมสวยค่ะ 머리를 자주 빗으면 머리가 예뻐집니다.	빗, (머리를)빗다
กรรไกรตัดผม	กรรไกรตัดผมคมมากครับ 이발 가위가 매우 예리합니다.	머리 자르는 가위

☐ เครื่องอบผม	เครื่องอบผม**ร้านนี้เร็วมากค่ะ** 이 샵의 헤어스티머는 엄청 빠릅니다.	헤어스티 머(hair steamer)
☐ โรลม้วนผม	โรลม้วนผม**เคยเป็นเทรนด์ในเกาหลี ครับ** 헤어 롤은 한국에서 트렌드였던 적이 있어요.	헤어 롤 (hair roll)
☐ ตะไบแต่งเล็บ	**ผู้ชายก็ควรใช้**ตะไบแต่งเล็บ**ค่ะ** 남자들도 손톱줄을 사용해야 합니다.	손톱줄
☐ แต่งหน้า	**เธอใช้เวลา**แต่งหน้า**ทุกเช้าสองชั่วโมง ครับ** 그녀는 화장하는데 매일 아침 두 시간 걸립니다.	화장하다
☐ มาสคาร่า	มาสคาร่า**ยี่ห้อนี้ดีมากค่ะ** 이 브랜드의 마스카라는 정말 좋습니다.	마스카라
☐ น้ำหอม	น้ำหอม**นี้กลิ่นหวานเกินไปค่ะ** 이 향수는 지나치게 향이 달아요.	향수
☐ ลิปสติก	ลิปสติก**สีแดงสวยกว่าสีชมพูค่ะ** 빨간 립스틱이 분홍색보다 더 예뻐요.	립스틱
☐ ลิปกลอส	ลิปกลอส**และลิปสติกไม่เหมือนกันค่ะ** 립글로스와 립스틱은 다릅니다.	립글로스
☐ อายแชโดว์	อายแชโดว์**มีหลายสีค่ะ** 아이셰도는 여러가지 색이 있어요.	아이셰도

☐ ครีมกันแดด	ครีมกันแดด**ต้องทาก่อนออกไปข้างนอกค่ะ** 선크림은 외출하기 전에 반드시 발라야 합니다.	선크림
☐ โลชั่น	โลชั่น**ทาแล้วช่วยให้ผิวนุ่มค่ะ** 로션을 바르면 피부가 부드러워 집니다.	로션
☐ แป้งตลับ	แป้งตลับ**มีหลายแบรนด์ค่ะ** 콤팩트는 여러 브랜드가 있습니다.	콤팩트, 파운데이션
☐ นวด	นวด**ไหล่ทำให้ผ่อนคลายค่ะ** 어깨 마사지는 긴장을 풀어줍니다.	마사지(하다), 반죽하다
☐ เมื่อย	**แม่บอกว่า**เมื่อย**หลังเวลาล้างจานครับ** 엄마는 설거지를 하실 때 등이 쑤시다고 하셨습니다.	(근육이)뻐근하다, 쑤시다
☐ หมอนวด	**คุณยายเคยทำงานเป็น**หมอนวด**ค่ะ** 할머니께서는 마사지 관리사로 일하셨던 적이 있습니다.	마사지 관리사
☐ นวดไทย	นวดไทย**เป็นสิ่งที่ควรลองถ้ามาไทยครับ** 태국식 마사지는 태국에 오면 꼭 해봐야 하는 것입니다. **TIP** 태국식 전통 마사지는 นวดแผนไทย 라고도 합니다.	태국식 마사지
☐ นวดน้ำมัน	นวดน้ำมัน**ช่วยแก้ปวดเมื่อยค่ะ** 오일 마사지는 통증을 완화시켜 줍니다.	오일 마사지
☐ นวดเท้า	นวดเท้า**บางร้านเจ็บมากครับ** 어떤 가게의 발 마사지는 너무 아픕니다.	발 마사지

☐ ห้องเปลี่ยน เสื้อ	**ห้องเปลี่ยนเสื้ออยู่ด้านนี้ค่ะ** 탈의실은 이쪽에 있습니다.	탈의실
☐ พลิกตัว	**เขาพลิกตัวไปมาทั้งคืนเพราะนอนไม่ หลับ** 그 사람은 잠을 이루지 못해 밤새 뒤척였다.	돌아눕다, 뒤척이다
☐ นอนคว่ำหน้า	**นอนคว่ำหน้าแล้วหลับสบายค่ะ** 엎드려 누워서 잘 잤어요.	(바닥에)엎 드리다
☐ นอนตะแคง	**เวลานอนตะแคงระวังตกเตียงนะครับ** 돌아 누워 잘 때 침대에서 떨어지는 것에 주의하세요.	옆으로 눕 다
☐ ขยับ	**ไม่มีใครขยับสักคนค่ะ** 누구도(아무도) 움직이지 않았습니다.	(조금)이동 하다, 움직 이다
☐ จับ	**จับมือเป็นการทักทายอีกแบบครับ** 악수는 또 다른 스타일의 인사입니다.	잡다
☐ หนัก ๆ	**นวดตรงนี้หนัก ๆ หน่อยค่ะ** 여기를 세게 마사지 해 주세요. **TIP** หนักๆ 은 แรงๆ으로도 표현할 수 있습니다.	무겁게, 심 하게, 세게
☐ เบา ๆ	**นวดตรงนั้นเบา ๆ หน่อยครับ** 거기는 살살 마사지 해 주세요.	살짝, 살 살, 가볍게
☐ สบาย	**หลังจากนวดเสร็จแล้วรู้สึกสบายมากค่ะ** 마사지를 받고 났더니 매우 시원합니다.	편안(안락, 건강)하다

| ดีขึ้น | คุณแม่ดีขึ้นจากที่เคยป่วยครับ | 좋아지다 |
| | 어머니께서는 아프셨다가 좋아지셨습니다. | |

| เจ็บ | พ่อเจ็บตาตั้งแต่เมื่อวานค่ะ | (상처 등으로)아프다 |
| | 아빠는 어제부터 눈이 아프셨어요. | |

| สปา | ครอบครัวผมไปสปาอย่างน้อยปีละครั้งครับ | 스파(spa) |
| | 저의 가족은 적어도 일 년에 한 번은 스파에 갑니다. | |

| ยาดม | คนเกาหลีชอบซื้อยาดมค่ะ | 각성 효과가있는 냄새 맡는 흡입제 (inhaler) |
| | 한국 사람들은 야돔 구매를 좋아합니다. | |

| ยาหม่อง | ยาหม่องเป็นยาสามัญประจำบ้านของชาวไทย | 맨솔 향 연고의 한 종류 |
| | 야멍은 태국인들의 일반 가정용 약품이다. | |

1 다음 그림에 해당하는 의류를 태국어로 써 보세요.

①

②

③

(   )   (   )   (   )

2 다음 그림에 해당하는 도구를 태국어로 써 보세요.

①

②

③

(   )   (   )   (   )

3 다음 보기에서 알맞은 단어를 찾아 빈칸에 써 보세요.

> **보기**
>
> เบา ๆ / นวด / พลิกตัว / พอดี

① เสื้อตัวนี้ใส่_____เลยค่ะ 이 옷은 딱 맞아요.

② _____ไหล่ทำให้ผ่อนคลายค่ะ 어깨 마사지는 긴장을 풀어줍니다.

③ เขา_____ไปมาทั้งคืนเพราะนอนไม่หลับ

그 사람은 잠을 이루지 못해 밤새 뒤척였다.

④ นวดตรงนั้น_____หน่อยครับ 거기는 살살 마사지 해 주세요.

● 주어진 의미와 발음에 해당하는 올바른 태국어에 ○표시 한 다음 따라 써 보세요.

①

의미 퍼센트(percent)

발음 [쁘ㅓ-쎈]

เปอร์เซ็นต์	เปอร์เซนต์
( )	( )

②

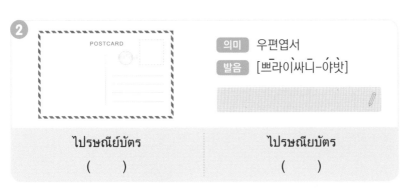

POSTCARD

의미 우편엽서

발음 [쁘라이ㅣ싸니-야밧]

ไปรษณีย์บัตร	ไปรษณียบัตร
( )	( )

③

의미 상업, 통상, 무역

발음 [파-닛]

พาณิศย์	พาณิชย์
( )	( )

정답 **1** เปอร์เซ็นต์ **2** ไปรษณียบัตร **3** พาณิชย์

일상 (2)

1 요리, 음식과 과일 **2** 음료와 맛

3 육아와 집안일 **4** 장소

☐ ทำอาหาร	**คุณยายทำอาหารเก่งมากครับ** 할머니께서는 요리를 아주 잘 하십니다.	요리하다
☐ ต้ม	**ต้มให้ร้อนอีกครั้งให้ด้วยได้ไหมคะ** 다시 뜨겁게 끓여 주실 수 있으세요?	(물을)끓이 다
☐ ยำ	**ยำวุ้นเส้นเผ็ดผมเลยกินไม่ได้ครับ** 얌운쎈은 매워서 저는 못 먹습니다.	버무리다, 무치다
☐ ปิ้ง	**ขนมปังปิ้งต้องกินกับเนยค่ะ** 토스트는 버터를 곁들여 먹어야 합니다.	살짝 굽다
☐ ย่าง	**ไก่ย่างไม้ละสิบบาทครับ** 닭고기 꼬치 구이는 하나에 10바트 입니다.	굽다, 로스 트하다
☐ เผา	**อย่าเผาทำลายเอกสารในที่นี่ค่ะ** 여기에서 서류를 소각하지 마세요.	불태우다, 센 불에 굽 다
☐ หุง	**หม้อหุงข้าวเกาหลีดีมากครับ** 한국 밥솥은 정말 좋습니다.	밥을 짓다
☐ นึ่ง	**หม้อนึ่งจะใหญ่กว่าหม้อปกติค่ะ** 찜기는 일반 냄비보다 큽니다.	(증기 등으 로)찌다
☐ อบ	**เตาอบแบบเล็กก็มีขายครับ** 작은 오븐도 판매합니다.	데우다, 뜸 을 들이다, 숨 막히다

| ☐ ทอด | **ของทอดกินแล้วอ้วนค่ะ** | 튀기다 |
| | 튀긴 것은 먹으면 살이 찝니다. | |

| ☐ ผัด | **เขาชอบทานเนื้อปูผัดผงกะหรี่มากครับ** | 볶다 |
| | 그는 카레를 볶은 게살 먹는 것을 매우 좋아합니다. | |

| ☐ ตำ | **ตำส้มตำกินกันไหมคะ** | 빻다, 찧다 |
| | 쏨땀을 해서 같이 먹을까요? | |

| ☐ หั่น | **เวลาหั่นผักต้องระวังบาดมือครับ** | 잘게 썰다, 자르다 |
| | 야채 썰 때에는 조심해야 합니다. | |

| ☐ ผ่า | **กะหล่ำปลีต้องผ่าครึ่งค่ะ** | 쪼개다, 가르다 |
| | 양배추는 반으로 잘라야 합니다. | |

| ☐ ปอก | **ลิงปอกกล้วยเก่งกว่าบางคนครับ** | (껍질 따위를)벗기다 |
| | 원숭이는 어떤 사람보다 바나나를 더 잘 깝니다. | |

| ☐ ป่น | **ใส่พริกป่นลงในผัดไทยกินก็อร่อยค่ะ** | 빻다, 가루로 만들다, 분쇄하다 |
| | 팟타이에 고춧가루를 넣어 먹는 것도 맛있습니다. | |

| ☐ ลวก | **เวลาลวกผักต้องลวกแค่แป๊ปเดียวครับ** | 데치다, 불에 데다 |
| | 야채를 데칠 때에는 아주 짧은 시간 데쳐야 합니다. | |

| ☐ ตุ๋น | **ไข่ตุ๋นทำง่ายกว่าที่คิดค่ะ** | 졸이다, 고다 |
| | 계란찜은 생각보다 만들기가 쉽습니다. | |

เครื่องปรุง	ร้านก๋วยเตี๋ยวต้องมีเครื่องปรุงครับ 쌀국수 집에는 향신료가 있어야 합니다.	향신료, 조 미료
ซีอิ๊ว	ซีอิ๊วเป็นซอสของจีนค่ะ 간장은 중국의 소스입니다.	간장
พริก	พริกของไทยเผ็ดกว่าเกาหลีครับ 태국 고추는 한국보다 맵습니다.	고추
พริกป่น	อาหารเกาหลีใส่พริกป่นเยอะมากค่ะ 한국 음식은 고춧가루를 너무 많이 넣습니다.	고춧가루
พริกไทย	คนเกาหลีชอบใส่พริกไทยในซุปกิน ครับ 한국인들은 국에 후추를 넣어 먹는 것을 좋아합니다.	후추
น้ำเชื่อม	น้ำเชื่อมจะใส่ตอนทำของหวานค่ะ 시럽은 디저트를 만들 때 넣습니다.	시럽
อาหารไทย	คิดว่าไม่มีอาหารอะไรสู้อาหารไทยได้ ครับ 태국 음식에 견줄 만한 음식은 없다고 생각합니다.	태국 음식
อาหารจีน	อาหารจีนจะมีความมันค่ะ 중국 음식은 기름기가 있습니다.	중국 음식
อาหารญี่ปุ่น	อาหารญี่ปุ่นมีของดิบเยอะครับ 일본 음식은 날것들이 많습니다.	일본 음식

☐ ข้าว	ข้าวไทยจะยาวกว่าเกาหลีค่ะ 태국 쌀은 한국보다 길어요.	밥, 쌀
☐ ปลา	อาหารที่ทำจากปลาต้องระวังก้างปลา ครับ 생선으로 만든 음식은 가시를 조심해야 합니다.	물고기, 생 선
☐ หมู	หมูเป็นเนื้อที่ราคาถูกค่ะ 돼지는 값싼 고기입니다.	돼지
☐ กุ้ง	กุ้งทอดอร่อยกว่ากุ้งเผาครับ 새우튀김은 구운 새우보다 더 맛있습니다.	새우
☐ ไก่	เนื้ออกไก่มีโปรตีนเยอะค่ะ 닭 가슴살은 단백질이 풍부합니다.	닭
☐ วัว	เนื้อวัวของเกาหลีแพงมากครับ 한국의 소고기는 매우 비쌉니다.	소
☐ ข้าวมันไก่	ข้าวมันไก่ที่โรงเรียนอร่อยกว่าร้านข้าง นอกค่ะ 학교 카오만까이가 밖에 있는 가게보다 훨씬 맛있습니 다.	카오만까 이(닭고기 기름 덮밥)
☐ ข้าวขาหมู	ข้าวขาหมูหมดเป็นประจำครับ 카오카무는 항상 다 떨어집니다.(팔리고 없습니다)	카오카무 (돼지 족발 덮밥)
☐ ข้าวผัด	สามารถใส่ไก่หรือหมูลงในข้าวผัดได้ค่ะ 볶음밥에 닭이나 돼지고기를 넣어도 됩니다.	볶음밥

□ แกงเขียวหวาน	แกงเขียวหวาน**เป็นอาหารภาคไหนนะครับ** 그린커리는 어느 지역 음식입니까?	그린커리
□ แกงจืด	แกงจืด**กินกับข้าวแล้วอร่อยมากค่ะ** 깽쯧은 밥하고 같이 먹으면 정말 맛있어요.	맑은 국
□ แกงส้ม	แกงส้ม**ไม่ได้ใส่ส้มครับ** 깽쏨에는 귤을 넣지 않습니다.	맵고 신 국
□ ไข่เจียว	ไข่เจียว**ไม่เหมือนกับไข่ดาวค่ะ** 오믈렛은 계란 후라이와 같지 않습니다.	(계란)오믈렛
□ ไข่ดาว	ไข่ดาว**กินกับเบคอนแล้วอร่อยครับ** 계란 후라이는 베이컨하고 같이 먹으면 맛있습니다.	계란 후라이
□ ไข่ตุ๋น	ไข่ตุ๋น**ต้องทำยังไงถึงจะอร่อยได้คะ** 계란찜은 어떻게 만들어야 맛있어요?	계란찜
□ ผัดไทย	ผัดไทย**ใช้เส้นไม่เหมือนเมนูอื่นครับ** 팟타이는 다른 메뉴와 다른 면을 사용합니다.	팟타이(태국식 볶음면)
□ ผัดกะเพรา	ผัดกะเพรา**เป็นอาหารยอดนิยมค่ะ** 팟까프라오는 매우 인기있는 음식입니다.	팟까프라오(바질볶음요리)
□ ผัดซีอิ๊ว	ผัดซีอิ๊ว**ต้องใช้เส้นใหญ่ครับ** 간장볶음면은 큰(넓은) 면을 사용해야 합니다.	간장볶음면

☐ ต้มยำ	**ต้มยำที่มีชื่อเสียงที่สุดคือต้มยำกุ้งค่ะ** 가장 유명한 똠얌은 바로 똠얌꿍입니다.	똠얌(새콤하고매운태국식 수프)
☐ ส้มตำ	**ส้มตำต้องกินแบบเผ็ดครับ** 쏨땀은 맵게 먹어야 합니다.	쏨땀(파파야 샐러드)
☐ ปูผัดผงกะหรี่	**จะทำปูผัดผงกะหรี่ที่แฟนชอบให้กินค่ะ** 남자친구가 좋아하는 뿌팟퐁커리를 만들어 줄 거예요.	뿌팟퐁커리(카레가루 게살볶음 요리)
☐ บะหมี่	**บะหมี่เป็นเส้นสีเหลืองครับ** 바미는 노란색 면입니다.	바미(중국식 국수)
☐ สุกี้	**สอนวิธีทำสุกี้แบบง่าย ๆ ให้หน่อยค่ะ** 수끼 만드는 간단한 방법 좀 알려 주세요.	수끼(스끼야끼), 태국식 샤브샤브
☐ ก๋วยเตี๋ยว	**อยากกินก๋วยเตี๋ยวจังเลยครับ** 꾸어이 띠여우가 정말 먹고 싶어요.	중국식 쌀국수
☐ ผลไม้	**ตอนไดเอทจำเป็นต้องกินผลไม้เยอะ ๆ ค่ะ** 다이어트 할 때에는 과일을 많이 섭취해야 합니다.	과일
☐ ทุเรียน	**ทุเรียนเป็นผลไม้มีหนามครับ** 두리안은 가시가 있는 과일입니다.	두리안

☐ มังคุด	**มังคุดเป็นผลไม้ที่ฉันชอบกินที่สุดค่ะ** 망고스틴은 제가 가장 좋아하는 과일입니다.	망고스틴
☐ กล้วย	**เด็ก ๆ ชอบเอากล้วยมาให้ลิงกินครับ** 아이들은 원숭이에게 바나나 주는 것을 좋아합니다.	바나나
☐ องุ่น	**สามีของฉันชอบสะสมเหล้าองุ่นดี ๆ ไว้ค่ะ** 제 남편은 좋은 포도주를 모아두는 것을 좋아해요.	포도
☐ สตรอว์เบอร์รี่	**สตรอว์เบอร์รี่เป็นผลไม้ที่มีแคลอรี่ต่ำครับ** 딸기는 열량이(칼로리가) 낮은 과일입니다.	딸기
☐ ลำไย	**ลำไยมีชื่อเรียกทางภาคเหนือว่า'บ่าลำไย'ค่ะ** 용안(람야이)은 북부에서는 '바 람야이' 라고도 부릅니다.	용안
☐ ลิ้นจี่	**ลิ้นจี่มีเป็นน้ำผลไม้ด้วยครับ** 리치는 주스로도 있습니다.	리치(litch)
☐ ทับทิม	**ทับทิมแกะยากมากค่ะ** 석류는 까기가 어려워요.	석류
☐ ชมพู่	**ชมพู่หากินที่เกาหลียากมากครับ** 로즈애플은 한국에서 찾아보기가 매우 힘듭니다.	로즈애플
☐ ส้ม	**เดือนหน้าจะเป็นหน้าส้มค่ะ** 다음 달은 귤이 제철이에요.	귤, 오렌지

☐ สับปะรด	**ร้านนี้ข้าวผัดสับปะรดอร่อยมากครับ** 이 가게는 파인애플 볶음밥이 정말 맛있습니다.	파인애플
☐ มะพร้าว	**น้ำมะพร้าวดื่มแล้วสดชื่นค่ะ** 코코넛 주스를 마시면 상쾌해요.	코코넛
☐ มะละกอ	**ตอนเด็กที่บ้านเคยมีต้นมะละกอครับ** 어렸을 때 집에 파파야 나무가 있었습니다.	파파야
☐ มะนาว	**ปกติฉันทำน้ำมะนาวดื่มเองที่บ้านค่ะ** 저는 평소에 집에서 레몬즙을 직접 만들어 마셔요.	라임
☐ ผักชี	**สั่งก๋วยเตี๋ยวแห้งไม่ใส่ผักชีครับ** 비빔 쌀국수 주문할게요. 고수는 빼 주세요(넣지 말아 주세요).	고수(풀)
☐ ผักกาดขาว	**ผักกาดขาวสามารถทำกิมจิได้ค่ะ** 배추는 김치를 만들 수 있습니다.	배추
☐ ผักบุ้ง	**น้องสาวกำลังเด็ดผักบุ้งอยู่ริมบึง** 여동생이 늪가에서 팍붕을(공심채를) 따고 있어요.	공심채
☐ หัวหอม	**ต้องระวังน้ำตาไหลเวลาแกะหัวหอมค่ะ** 양파를 깔 때에는 눈물 흘리는 것을 조심하세요.	양파
☐ ต้นหอม	**ขายต้นหอมกำละสองพันวอนครับ** 파 한 단(다발)에 이천원입니다.	파, 대파

☐ กระเทียม	กระเทียมทำให้เกิดแผลพุพองได้ค่ะ 마늘은 수포를 일으킬 수 있습니다.	마늘
☐ ขิง	ถ้าไปตลาดแล้วอย่าลืมซื้อขิงมานะคะ 시장에 가면 생강 사오는 거 잊지 마세요.	생강
☐ เห็ด	เห็ดที่มีลักษณะกลมบางชนิดมีพิษค่ะ 둥근 모양이 있는 어떤 종류의 버섯은 독성이 있습니다.	버섯
☐ มะเขือ	มะเขือในแกงเขียวหวานอร่อยที่สุดครับ 그린커리에 들어 있는 가지가 제일 맛있습니다.	가지
☐ ถั่ว	ผัดไทยต้องใส่ถั่วบดค่ะ 팟타이에는 으깬 콩을 꼭 넣어야 해요.	콩
☐ แครอท	กระต่ายกินแครอทเป็นอาหารครับ 토끼는 당근을 먹이로 먹습니다.	당근
☐ บรอคโคลี	บรอคโคลีเหมือนต้นไม้เลยค่ะ 브로콜리는 마치 나무 같아요.	브로콜리

1 다음 그림에 해당하는 음식을 태국어로 써 보세요.

① (   )   ② (   )   ③ (   )

2 다음 그림에 해당하는 과일을 태국어로 써 보세요.

① (   )   ② (   )   ③ (   )

3 다음 보기에서 알맞은 단어를 찾아 빈칸에 써 보세요.

> **보기**
>
> หั่น / ทำอาหาร / ตุ๋น / ทอด

① **คุณยาย**＿＿＿＿＿**เก่งมากครับ**   할머니께서는 요리를 아주 잘 하십니다.

② **ของ**＿＿＿＿＿**กินแล้วอ้วนค่ะ**   튀긴 것은 먹으면 살이 찝니다.

③ **เวลา**＿＿＿＿＿**ผักต้องระวังบาดมือครับ**   야채 썰 때에는 조심해야 합니다.

④ **ไข่**＿＿＿＿＿**ทำง่ายกว่าที่คิดค่ะ**   계란찜은 생각보다 만들기가 쉽습니다.

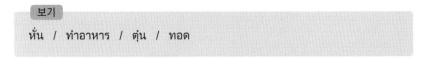

정답

1 ① ข้าวมันไก่   ② ไข่ดาว   ③ ปูผัดผงกะหรี่   **2** ① ทุเรียน   ② กล้วย   ③ สับปะรด
3 ① ทำอาหาร   ② ทอด   ③ หั่น   ④ ตุ๋น

● 주어진 의미와 발음에 해당하는 올바른 태국어에 ○표시 한 다음 따라 써 보세요.

1

의미 행복, 안위
발음 [파-쑥]

ผาสุก	ผาสุข
( )	( )

2

의미 민족, 겨레, 혈통
발음 [파오판]

เผ่าพันธ์	เผ่าพันธุ์
( )	( )

3

의미 계획, 방안
발음 [패-ㄴ까-ㄴ]

แผนการณ์	แผนการ
( )	( )

정답 **1** ผาสุก **2** เผ่าพันธุ์ **3** แผนการ

□ เครื่องดื่ม	**เครื่องดื่มอัดลมขายดีในไทยครับ** 태국에서는 탄산음료가 잘 팔립니다.	음료(수)
□ กาแฟ	**คนทำงานบริษัทชอบกินกาแฟค่ะ** 직장인들은 커피를 즐겨 먹습니다.	커피
□ อเมริกาโน่	**อเมริกาโน่ราคาถูกที่สุดในกาแฟครับ** 아메리카노가 커피숍에서 가장 저렴합니다.	아메리카노
□ ลาเต้	**ลาเต้หรือกาแฟลาเต้คือกาแฟใส่นมค่ะ** 라떼 또는 카페라떼는 우유을 첨가한 커피입니다.	라떼
□ มัคคิอาโต้	**มัคคิอาโต้แปลว่า'มีรอยด่าง'ครับ** 마키아또는 '얼룩덜룩하다'라는 의미가 있습니다.	마키아또
□ คาปูชิโน่	**คาปูชิโน่คือการผสมผสานกาแฟเอสเปรสโซ** 카푸치노는 에스프레소를 혼합한 커피입니다.	카푸치노
□ เอสเปรสโซ	**เอสเปรสโซไม่ใช่ชนิดเมล็ดกาแฟครับ** 에스프레소는 커피원두 타입이 아닙니다.	에스프레소
□ เฮเซลนัท	**เฮเซลนัททำให้กาแฟหอมขึ้นค่ะ** 헤이즐넛은 커피를 더욱 향긋하게 해 줍니다.	헤이즐넛
□ ชาร้อน	**เวลาดื่มชาร้อนต้องระวังลวกปากครับ** 뜨거운 차를 마실 때에는 입술 데이는 것을 조심해야 해요.	뜨거운(따뜻한) 차

□ ชาเย็น	สั่งชาเย็น4แก้วค่ะ 아이스티 네 잔 주문할게요(주세요).	아이스티, 냉차
□ ชาเขียว	ชาเขียวของไทยกับเกาหลีมีรสต่างกัน ครับ 태국의 녹차와 한국의 녹차는 맛이 다릅니다.	녹차
□ น้ำผลไม้	น้ำผลไม้ราคาแพงกว่าน้ำค่ะ 과일 주스는 물보다 더 비쌉니다.	과일음료 (주스)
□ น้ำอัดลม	น้ำอัดลมกินเยอะแล้วไม่ดีต่อสุขภาพ ครับ 탄산음료는 많이 먹으면 건강에 좋지 않습니다.	탄산음료
□ น้ำแร่	น้ำแร่ชนิดต่าง ๆ มีผลต่อสุขภาพค่ะ 다양한 종류의 미네랄워터는 건강에 영향을 줍니다.	미네랄워 터, 광천수
□ น้ำมะนาว	วิธีทำน้ำมะนาวเริ่มจากการทำน้ำเชื่อม ก่อน 레모네이드 만드는 방법은 시럽 만드는 것부터 시작한 다.	라임 주스, 레모네이 드
□ น้ำมะพร้าว	น้ำมะพร้าวที่มีเนื้ออร่อยกว่าค่ะ (코코넛)속살이 있는 코코넛 주스가 더 맛있습니다.	코코넛 주 스
□ น้ำมะเขือเทศ	กระแสการดื่มน้ำมะเขือเทศมาแรงเลย ครับ 토마토주스 마시는 열풍이 꽤 거셉니다.	토마토주 스
□ นมสด	นมสดมีแคลเซียมสูงค่ะ 생우유는 칼슘 함유량이 높습니다.	우유

| นมไขมันต่ำ | นมไขมันต่ำช่วยให้ไม่อ้วนครับ | 저지방 우유 |
| | 저지방 우유는 살이 찌지 않도록 도와 줍니다. | |

| นมถั่วเหลือง | นมถั่วเหลืองมีโปรตีนสูงค่ะ | 두유 |
| | 두유는 단백질이 풍부합니다. | |

| เหล้า | เหล้ามีแอลกอฮอล์เป็นส่วนประกอบที่สำคัญครับ | 술 |
| | 술은 알코올이 중요한 성분입니다. | |

| เบียร์ | ถ้ากินเบียร์เยอะจะทำให้เข้าห้องน้ำบ่อยค่ะ | 맥주 |
| | 맥주를 많이 마시면 화장실을 자주 가게 만듭니다. | |

| เบียร์สด | เบียร์สดหลังเลิกงานเป็นอะไรที่ดีมากครับ | 생맥주 |
| | 일을 마치고 나서의 생맥주는 아주 좋습니다. | |

| ไวน์ | ไวน์ทำจากองุ่นค่ะ | 와인 |
| | 와인은 포도로 만듭니다. | |

| ไวน์แดง | ไวน์แดงบางอันแพงมากครับ | 레드 와인 |
| | 어떤 레드 와인은 정말 비쌉니다. | |

| ไวน์ขาว | ไวน์ขาวดีต่อสุขภาพเหรอคะ | 화이트 와인 |
| | 화이트 와인이 건강에 좋아요? | |

| รสชาติ | ลิ้นเป็นส่วนที่สัมผัสรสชาติครับ | 맛 |
| | 혀는 맛을 느끼는 부분입니다. | |

| อร่อย | อาหารที่อร่อยสามารถทำให้คนมีความสุขได้ค่ะ | มีความ | 맛있다 |
| | 맛있는 음식은 사람들을 행복하게 해줄 수 있습니다. | |

| ไม่อร่อย | ถ้าไม่อร่อยก็ไม่ต้องกินครับ | 맛이 없다 |
| | 맛이 없으면 먹지 않으셔도 됩니다. | |

| หวาน | รสหวานช่วยแก้เครียดค่ะ | (맛이)달다 |
| | 단 맛은 스트레스 해소에 도움이 됩니다. | |

| เค็ม | กินเค็มทำให้เป็นโรคไตได้ครับ | (맛이)짜다 |
| | 짜게 먹으면 신장병에 걸릴 수 있습니다. | |

| เผ็ด | อาหารจานนี้เผ็ดจนน้ำตาจะไหลค่ะ | (맛이)맵다 |
| | 이 음식은 눈물이 날 정도로 맵습니다. | |

| เปรี้ยว | มะนาวเปรี้ยวกว่าส้มครับ | (맛이)시다 |
| | 라임이 오렌지보다 더 십니다. | |

| จืด | น้ำทะเลเค็มกว่าน้ำจืดค่ะ | (맛이)싱겁다 |
| | 바닷물이 민물보다 짭니다. | |

| มาก | ผมรักประเทศไทยมากครับ | 많이, 많다, 매우 |
| | 저는 태국을 많이 사랑합니다. | |

จัด	ถ้ากินอาหารรสจัดจะไม่ดีต่อสุขภาพค่ะ (맛이)강한 음식을 먹으면 건강에 좋지 않습니다.	(맛 등이) 심하다, 진 하다, 정리 하다, 처리 하다
นิดหน่อย	ผมกินอาหารเผ็ดได้นิดหน่อยครับ 저는 매운 음식을 조금 먹을 수 있습니다.	조금, 약간
น้อย	เขาไม่ได้กินอะไรแม้แต่น้อยค่ะ 그는 아무것도(조금도) 먹지 못했습니다.	적다, 작다
ค่อนข้าง	เศรษฐกิจของไทยค่อนข้างบอบบาง ครับ 태국의 경제는 비교적 취약한 편입니다.	~한 편이 다, 비교적 ~하다
ไม่ค่อย	อาหารญี่ปุ่นไม่ค่อยเผ็ดค่ะ 일본 음식은 별로 맵지 않습니다.	별로(그다 지)~하지 않다

1 다음 그림에 해당하는 음료를 태국어로 써 보세요.

①   ②   ③

(   )   (   )   (   )

④   ⑤   ⑥

(   )   (   )   (   )

2 괄호에 들어갈 알맞은 단어를 써 보세요.

① **단** 맛은 스트레스 해소에 도움이 됩니다.

รส(   )ช่วยแก้เครียดค่ะ

② 저는 태국을 **많이** 사랑합니다.

ผมรักประเทศไทย(   )ครับ

③ 일본 음식은 **별로** 맵지 **않습니다**.

อาหารญี่ปุ่น(   )เผ็ดค่ะ

정답

1 ① อเมริกาโน่   ② ชาเขียว   ③ น้ำมะนาว   ④ เบียร์   ⑤ น้ำมะพร้าว   ⑥ ไวน์แดง
2 ① หวาน   ② มาก   ③ ไม่ค่อย

● 주어진 의미와 발음에 해당하는 올바른 태국어에 ○표시 한 다음 따라 써 보세요.

1

의미 프랑스(France)
발음 [퐈`랑쎄⁻ㅅ]

ฝรั่งเศษ
( )

ฝรั่งเศส
( )

2

의미 (문법)음절(syllable)
발음 [퐈`야⁻ㅇ]

พยางค์
( )

พยางค์
( )

3

의미 묘사(서술, 형용)하다
발음 [퐌`나`나⁻]

พรรณา
( )

พรรณนา
( )

정답 **1** ฝรั่งเศส **2** พยางค์ **3** พรรณนา

☐ เลี้ยง	ผมเลี้ยงอาหารกลางวันคุณได้ไหมครับ 점심 식사는 제가 대접해드려도 될까요?	기르다(키우다), 재배하다, 대접하다
☐ เด็ก	เด็กคนนี้ซนจริง ๆ ค่ะ 이 아이는 정말 개구쟁이예요.	어린이, 아이
☐ ทารก	เด็กทารกจะมีผิวละเอียดอ่อนมากค่ะ (갓난)아기는 피부가 매우 민감합니다.	영아, 유아
☐ จุกนมยาง	ต้องล้างมือทุกครั้งก่อนหยิบจับจุกนมยาง 고무 젖꼭지를 집기 전에 매번 손을 씻어야 합니다.	(갓난아기용)고무 젖꼭지
☐ อาหารเด็กอ่อน	การทำอาหารเด็กอ่อนเป็นเรื่องง่ายค่ะ 이유식을 만드는 방법은 간단합니다.	이유식
☐ แป้งเด็กอ่อน	แป้งเด็กอ่อนใช้เพื่อสุขภาพผิวที่ดีค่ะ 베이비 파우더는 좋은 피부 건강을 위해 사용됩니다.	베이비 파우더
☐ ผ้าอ้อม	ช่วงนี้ผ้าอ้อมราคาขึ้นค่ะ 요즘 기저귀 가격이 올랐어요.	기저귀
☐ ของเล่นเขย่ามีเสียง	ของเล่นเขย่ามีเสียงเป็นของเล่นที่เด็กทุกคนเคยเล่นค่ะ 딸랑이는 모든 아이들이 가지고 놀던 장난감입니다.	딸랑이(소리가 나는 아기용 장난감)

☐ หนังสือ สาม มิติ	**ตอนเราเด็กยังไม่มีหนังสือสามมิติครับ** 우리가 어렸을 때에는 아직 팝업북(3D책)이 없었어요.	팝업북
☐ เก้าอี้หัดเดิน	**เก้าอี้หัดเดินช่วยให้เด็กฝึกกล้ามขาค่ะ** 보행기는 아이들의 다리 근육을 단련시키도록 도와줍니다.	보행기
☐ รถเข็นเด็ก	**รถเข็นเด็กก็มีแบรนด์เหมือนกันครับ** 유모차에도 마찬가지로 브랜드가 있습니다.	유모차
☐ เพลงกล่อม เด็ก	**ตอนเด็กทุกคนต้องเคยฟังเพลงกล่อม เด็กค่ะ** 어렸을 때 다들 분명 자장가를 들어본 적이 있을 거예요.	자장가
☐ เด็กกำพร้า	**เด็กกำพร้าเกิดจากพ่อแม่ที่ไม่มีความรับ ผิดชอบ** 고아는 무책임한 부모에게서 태어난다.	고아
☐ พี่เลี้ยงเด็ก	**พี่เลี้ยงเด็กต้องใจเย็นเสมอค่ะ** 베이비시터는 항상 침착해야 합니다.	베이비시 터(보모)
☐ บ้านเด็กเล็ก	**ผมก็เคยไปบ้านเด็กเล็กครับ** 저도 어린이집에 다녀(가) 본 적이 있어요.	어린이집
☐ นมผง สำหรับ เด็ก	**นมผงสำหรับเด็กมีประโยชน์สูงมากค่ะ** 어린이 분유는 매우 유익합니다.	분유

☐ ผ้ากันเปื้อน สำหรับเด็ก	แม่ต้องซักผ้ากันเปื้อนสำหรับเด็กทุกวันครับ 엄마는 매일 아이들 턱받이를 빨아야 합니다.	턱받이(어린이용 앞치마)
☐ โลชั่นสำหรับ เด็ก	โลชั่นสำหรับเด็กจะอ่อนกว่าปกติค่ะ 베이비로션은 보통 로션보다 부드럽습니다.	베이비로션
☐ งานบ้าน	ทุกคนต้องช่วยกันทำงานบ้านครับ 모두들 집안일을 도와야 합니다.	집안일
☐ ทำอาหาร	แฟนทำอาหารเก่งมากค่ะ 남자친구는 요리를 정말 잘해요.	요리하다
☐ จัดโต๊ะ อาหาร	พ่อช่วยแม่จัดโต๊ะอาหารครับ 아빠는 엄마가 상 차리는 것을 돕습니다.	상을 차리다, 상보다
☐ เช็ด	หลังกินข้าวต้องเช็ดโต๊ะให้สะอาดค่ะ 식사 후에는 상을 깨끗하게 닦아야 합니다.	(문질러)닦다
☐ เก็บ	เวลาเล่นของเล่นแล้วต้องเก็บให้เป็นที่ครับ 장난감을 가지고 놀고 나서는 꼭 제자리로 정리해야 합니다.	챙기다, 보관하다, 줍다
☐ ไปจ่ายตลาด	แม่ของฉันมักจะไปจ่ายตลาดบ่อยค่ะ 저희 엄마는 장보러 자주 가십니다.	장보러 가다

☐ กวาดพื้น	**ก่อนถูพื้นต้องกวาดพื้นก่อนครับ** 바닥(마루)을 걸레질 하기 전에 먼저 쓸어야 해요.	바닥(마루) 을 쓸다
☐ ถูพื้น	**ถูพื้นเสร็จแล้วห้ามวิ่งนะคะ** 바닥을 닦고 나서 뛰면 안 돼요.	바닥을 (대 걸레로)닦 다
☐ ดูดฝุ่น	**ใช้เครื่องดูดฝุ่นง่ายกว่ากวาดพื้นครับ** 진공청소기를 사용하는 것이 바닥을 쓰는 것보다 쉬워 요.	먼지를 빨 아들이다
☐ ซัก	**ช่วยพับผ้าที่ซักแล้วให้หน่อยได้ไหมคะ** 세탁한 빨래를 개 주실 수 있으세요?	세탁(빨래) 하다, 씻 다, 심문 (추궁)하다
☐ อบ	**สาว ๆ สมัยนี้ชอบไปอบไอน้ำครับ** 요즘 젊은 여성들은 찜질하러 가는 것을 좋아합니다.	찌다, 숨이 막히다
☐ รีด	**ชุดนักเรียนต้องรีดทุกวันค่ะ** 교복은 매일 다려야 해요.	다림질하 다
☐ ตาก	**ตากผ้าที่แดดทำให้ผ้าแห้งเร็วครับ** 햇볕에 말리면 빨래를 더 금방 마르게 해 줍니다.	(햇볕에) 말리다, 쬐 다, 널다
☐ พับ	**พับผ้าเก่งจังเลยค่ะ** 빨래를 정말 잘 개네요.	(종이 등 을)접다, (옷 등을) 개다
☐ ซักแห้ง	**อันนี้เป็นของที่ต้องซักแห้งไหมครับ** 이건 드라이크리닝을 해야 하는 건가요?	드라이크 리닝하다

☐ เปลี่ยนผ้า คลุมเตียง	**ผมเปลี่ยนผ้าคลุมเตียงทุกสัปดาห์ค่ะ** 저는 매주 침대보를 교체합니다.	침대보(시트)를 교체하다
☐ ปลอกหมอน	**ปลอกหมอนต้องเปลี่ยนบ่อยครับ** 베갯잇은 자주 갈아야 합니다.	베갯잇(베개커버)
☐ ล้างจาน	**เคยล้างจานแล้วจานแตกไหมคะ** 설거지 하다가 접시 깨 본 적 있어요?	설거지하다
☐ ล้างรถ	**พ่อชอบล้างรถมากครับ** 아빠는 세차하는 것을 좋아합니다.	세차하다
☐ ล้างแอร์	**ปกติฉันล้างแอร์ด้วยตัวเองค่ะ** 평소에 저는 직접 에어컨을 닦습니다.	에어컨을 닦다(청소하다)

1 다음 그림에 해당하는 태국어를 올바르게 써 보세요.

① 　　② 　　③

(　　　　)　　　　(　　　　)　　　　(　　　　)

2 괄호에 들어갈 알맞은 단어를 써 보세요.

① 이 아이는 정말 **개구쟁이**예요.

เด็กคนนี้(　　　)จริง ๆ ค่ะ

② 식사 후에는 상을 깨끗하게 **닦아**야 합니다.

หลังกินข้าวต้อง(　　　)โต๊ะให้สะอาดค่ะ

③ 빨래를 정말 잘 **개**네요.

(　　　)ผ้าเก่งจังเลยค่ะ

3 다음 보기에서 알맞은 단어를 찾아 빈칸에 써 보세요.

> **보기**
>
> ล้างจาน / ถูพื้น / งานบ้าน / ปลอกหมอน

① ทุกคนต้องช่วยกันทำ＿＿＿＿＿＿ครับ　모두들 집안일을 도와야 합니다.

② ＿＿＿＿＿＿เสร็จแล้วห้ามวิ่งนะคะ　바닥을 닦고 나서 뛰면 안 돼요.

③ ＿＿＿＿＿＿ต้องเปลี่ยนบ่อยครับ　베갯잇은 자주 갈아야 합니다.

④ เคย＿＿＿＿＿＿แล้วจานแตกไหมคะ　설거지 하다가 접시 깨 본 적 있어요?

● 주어진 의미와 발음에 해당하는 올바른 태국어에 ○표시 한 다음 따라 써 보세요.

1

| 의미 | 플라스틱(plastic) |
| 발음 | [플라́-ㅆ띡́] |

พลาสติก	พลาสติค
( )	( )

2

| 의미 | 홀아비 |
| 발음 | [퍼̂-마̂이] |

พ่อม่าย	พ่อหมาย
( )	( )

3

| 의미 | 물품, 물건, 소포 |
| 발음 | [팟́싸́두] |

พัสดุ	พัศดุ
( )	( )

정답 **1** พลาสติก **2** พ่อม่าย **3** พัสดุ

☐ ห้อง	**บ้านหลังนี้มีห้าห้องครับ** 이 집은 방이 다섯 개 있습니다.	방, 실

☐ ร้าน	**ร้านนี้มีทุกอย่างค่ะ** 이 가게에는 모든 것이 있어요.	상점, 가게

☐ โรง	**โรงงานนี้เป็นโรงที่หนึ่งร้อยครับ** 이 공장은 100번째 공장입니다.	창고, 넓은 공간

☐ ที่	**ที่นี่คือบ้านเกิดของฉันค่ะ** 이곳이(여기가) 바로 저의 고향이에요.	장소, 곳, 땅

☐ สถานที่	**แม่เคยไปสถานที่ท่องเที่ยวหลายแห่งครับ** 엄마는 여러 관광지에 가 보신 경험이 있습니다.	장소

☐ สถานที่ท่องเที่ยว	**ในไทยมีสถานที่ท่องเที่ยวเยอะมากค่ะ** 태국에는 관광지가 정말 많습니다.	관광지

☐ ห้องเรียน	**โรงเรียนนี้มีห้องเรียนแค่สองห้องครับ** 이 학교에는 교실이 두 개 밖에 없습니다.	교실

☐ ห้องน้ำ	**บ้านเรามีสามห้องน้ำค่ะ** 우리집에는 화장실이 세 개 있습니다.	화장실

☐ ห้องสมุด	**ผมยืมหนังสือห้าเล่มจากห้องสมุดครับ** 저는 도서관에서 책을 다섯 권 빌렸어요.	도서관

☐ ห้องเก็บของ	น้องเคยโดนขังในห้องเก็บของค่ะ 동생은 창고에 갇힌 적이 있습니다.	창고, 곳간
☐ ห้องครัว	แม่อยู่ในห้องครัวทั้งวันครับ 엄마는 하루 종일 부엌에 계십니다.	부엌
☐ ห้องพัก	ฉันต้องการห้องพักที่มีห้องอาบน้ำอยู่ด้วยค่ะ 저는 샤워실이 있는 휴게실(방)을 원합니다.	휴게실
☐ ร้านสะดวกซื้อ	ร้านสะดวกซื้อที่นี่พนักงานใจดีครับ 여기 편의점은 점원이 친절합니다.	편의점
☐ ร้านอาหาร	เดือนหน้าฉันจะเปิดร้านอาหารไทยค่ะ 다음 달에 저는 태국음식점을 열 거예요.	음식점, 식당
☐ ร้านหนังสือ	ร้านหนังสือนี้มีหลายสาขาครับ 이 서점은 여러 지점이 있습니다.	서점
☐ ร้านกาแฟ	เพื่อนชอบไปนั่งร้านกาแฟค่ะ 친구는 커피숍에 가서 앉아 있는 것을 즐깁니다.	커피숍
☐ ร้านซักรีด	ที่ไทยไม่ค่อยมีร้านซักรีดครับ 태국에는 세탁소가 별로 없습니다.	세탁소
☐ ร้านขายยา	ร้านขายยาปิดเร็วทุกร้านค่ะ 모든 약국은 일찍 문을 닫습니다.	약국

□ โรงเรียน	**โรงเรียนผมมีนักเรียนน้อยครับ** 저희 학교는 학생이 적어요.	학교
□ โรงพยาบาล	**เขาถูกส่งกลับไปยังโรงพยาบาลค่ะ** 그 사람은 다시 병원으로 보내졌습니다.	병원
□ โรงอาหาร	**ครูเรียกเพื่อนที่โรงอาหารครับ** 선생님이 카페테리아에서 친구를 불렀습니다.	(구내)식 당, 카페테 리아
□ โรงหนัง	**เราเจอกันครั้งแรกที่โรงหนังค่ะ** 우리는 영화관에서 처음 만났어요.	영화관
□ โรงแรม	**ไม่เคยไปโรงแรมห้าดาวครับ** 5성급 호텔을 가본 적이 없어요.	호텔
□ โรงยิม	**วันนี้โรงยิมคนเยอะมากค่ะ** 오늘 체육관에 사람이 정말 많습니다.	체육관
□ สนามบิน	**สนามบินช่วงโควิดไม่มีคนเลยครับ** 코로나 시국에는 공항에 사람이 전혀 없었습니다.	공항
□ สนามกีฬา	**สนามกีฬานี้ทำจากหญ้าเทียมค่ะ** 이 운동장(경기장)은 인조 잔디로 만들어졌습니다.	운동장(경 기장)
□ สนามเด็กเล่น	**ผมชอบไปเล่นที่สนามเด็กเล่นครับ** 저는 놀이터에 가서 노는 것을 좋아합니다.	놀이터

สถานีตำรวจ	ผู้ร้ายถูกจับกุมไปสถานีตำรวจค่ะ	경찰서
	범인이 잡혀 경찰서로 연행되었습니다.	

สถานีดับ เพลิง	เมื่อเกิดไฟไหม้ต้องโทรไปที่สถานีดับเพลิงอย่างรวดเร็วครับ	소방서
	불이 났을 때에는 빨리 소방서에 전화를 해야 합니다.	

สถานีขนส่ง	สวนจตุจักรอยู่ตรงข้ามสถานีขนส่งค่ะ	버스터미널
	짜뚜짝 공원은 버스터미널 건너편에 있어요.	

สถานีรถไฟ	ผมไปถึงสถานีรถไฟก่อนเพื่อนครับ	기차역
	저는 친구보다 먼저 기차역에 도착했습니다.	

สถานี รถไฟฟ้า	สถานีรถไฟฟ้าอยู่ตรงไหนคะ	지상철역 (BTS역)
	지상철역(BTS역)이 어디에 있나요?	

สถานีรถไฟ ใต้ดิน	สถานีรถไฟใต้ดินอยู่ไกลมากครับ	지하철역 (MRT역)
	지하철역(MRT역)은 아주 멀리 있어요.	

สถานทูต	ผมเคยทำงานที่สถานทูตไทยครับ	대사관
	저는 태국 대사관에서 일했던 적이 있습니다.	

สถานกงสุล	เอกสารอันนี้นี้ต้องไปจัดทำที่สถานกงสุลค่ะ	영사관
	이 서류는 영사관에 가서 작성해야 합니다.	

☐ สถานศึกษา	**โรงเรียนก็เป็นสถานศึกษาครับ** 학교 또한 교육기관(시설)입니다.	학원, 교육 기관
☐ สวนสนุก	**เราเคยเจอกันที่สวนสนุกค่ะ** 우리는 놀이공원에서 만난 적이 있어요.	놀이공원
☐ สวนน้ำ	**ฤดูร้อนต้องไปสวนน้ำครับ** 여름에는 워터파크를 가야 해요.	워터파크
☐ สวนสัตว์	**ตอนเด็กชอบไปสวนสัตว์มากค่ะ** 어렸을 때 동물원 가는 것을 매우 좋아했습니다.	동물원
☐ มหาวิทยาลัย	**มหาวิทยาลัยเป็นจุดเริ่มต้นใหม่ของ** **ชีวิตครับ** 대학교는 인생의 새로운 출발점입니다. **TIP** มหาวิทยาลัย는 줄여서 มหาลัย라고도 해요.	대학교
☐ วัด	**ฉันไปทำบุญที่วัดทุกวันพระค่ะ** 저는 매 불교일마다 사원에 가서 공덕을 쌓아요.	사원, 측정 (측량)하다
☐ ตลาด	**ตลาดแห่งนี้เปิดกี่โมงครับ** 이 시장은 몇 시에 문을 열어요?	시장
☐ ปั๊มน้ำมัน	**เพื่อนเคยทำงานพาร์ทไทม์ที่ปั๊มน้ำมัน** **ค่ะ** 친구가 주유소에서 아르바이트를 한 적이 있어요.	주유소
☐ ธนาคาร	**ธนาคารในไทยมีหลายสีครับ** 태국의 은행에는 여러가지 색이 있습니다.	은행

☐ บริษัท	ฉันไปสัมภาษณ์ที่บริษัทมาเมื่อวานนี้ค่ะ	회사
	저는 어제 회사 면접을 보고 왔어요.	
☐ พิพิธภัณฑ์	ผมอยากไปพิพิธภัณฑ์แห่งชาติมากครับ	박물관
	저는 국립 중앙 박물관에 너무 가고 싶어요.	
☐ ห้างสรรพสินค้า	จะไปซื้อของที่ห้างสรรพสินค้าค่ะ	백화점
	백화점에 쇼핑하러 길 거에요.	
☐ ไปรษณีย์	ผมต้องการส่งไปรษณีย์ด่วนครับ	우체국
	저는 특급우편 서비스로 보내기를 원합니다.	
☐ อพาร์ทเมนต์	ข้อควรรู้ก่อนตัดสินใจเช่าอพาร์ทเมนต์	아파트
	아파트 임대를 결정하기 전에 알아야 할 사항	
☐ คอนโดมิเนียม	ต้องการเช่าคอนโดมิเนียมที่ไม่ไกลจากที่ทำงานครับ	콘도미니엄
	직장(사무실)에서 멀지 않은 콘도 임차를 원합니다.	
☐ พิพิธภัณฑ์ศิลปะ	พิพิธภัณฑ์ศิลปะไทยร่วมสมัย เกิดจากความหลงใหลในงานศิลปะ	미술관
	현대 태국 미술관은 예술에 대한 열정으로부터 비롯되었다.	

1 다음 그림에 해당하는 장소를 태국어로 써 보세요.

①(   ) ②(   ) ③(   )

④(   ) ⑤(   ) ⑥(   )

2 괄호에 들어갈 알맞은 단어를 써 보세요.

① 이 집은 방이 다섯 **개** 있습니다.
   บ้านหลังนี้มีห้า(   )ครับ

② 다음 달에 저는 태국**음식점**을 열 거예요.
   เดือนหน้าฉันจะเปิด(   )ไทยค่ะ

③ 태국의 **은행**에는 여러가지 색이 있습니다.
   (   )ในไทยมีหลายสีครับ

④ 저는 어제 **회사** 면접을 보고 왔어요.
   ฉันไปสัมภาษณ์ที่(   )มาเมื่อวานนี้ค่ะ

● 주어진 의미와 발음에 해당하는 올바른 태국어에 ○표시 한 다음 따라 써 보세요.

1

의미 (영화, 드라마 등)더빙
발음 [파ᐞ-ㄱ낭ᐞ]

พากหนัง	พากย์หนัง
( )	( )

2

의미 비둘기
발음 [피́라ᐞ-ㅂ]

พิราบ	พิราป
( )	( )

3

의미 중얼대다, 투덜대다
발음 [픔팜ᐞ]

พึมพัม	พึมพำ
( )	( )

정답 1 พากย์หนัง 2 พิราบ 3 พึมพำ

V

일상 (3)

□ บน

หนังสืออยู่บนโต๊ะครับ
책은 테이블 위에 있어요.

~위

□ ล่าง

พี่ชายอยู่ชั้นล่างค่ะ
오빠는 아래층에 있어요.

~아래, 밑

□ ซ้าย

รถคันซ้ายเป็นของผมครับ
왼쪽에 있는 차가 저의 것입니다.

왼쪽, 좌측

□ ขวา

พอเจอร้านกาแฟแล้วเลี้ยวขวาค่ะ
커피숍이 보이면 우회전 하세요.

오른쪽, 우측

□ ใน

ดินสออยู่ในกล่องดินสอครับ
연필은 필통에 있습니다.

~안(에)

□ นอก

ห้ามยื่นหน้าออกนอกหน้าต่างค่ะ
창 밖으로 얼굴을 내밀지 마세요.

~밖(에)

□ เข้า

เข้ามาเร็ว ก่อนจะฝนตกครับ
비가 오기 전에 빨리 들어오세요.

들어가다

□ ไป

ฉันต้องไปสนามบินพรุ่งนี้ค่ะ
저는 내일 공항에 가야 해요.

가다

□ ออก

ออกไปข้างนอกกี่โมงครับ
몇 시에 외출하세요?

나가다(나오다)

☐ มา	**ทำไมมาสายคะ** 왜 늦으셨어요?	오다
☐ ตรงไป	**ตรงไปจนกว่าจะเจอไฟจราจรครับ** 신호등이 나올 때까지 쭉 직진하세요.	직진하다
☐ เลี้ยว	**ยูเทิร์นแล้วเลี้ยวขวาค่ะ** 유턴하신 다음 우회전 하세요.	회전하다, 돌다
☐ กลับรถ	**เวลากลับรถต้องระวังรถจักรยานยนต์ ครับ** 유턴할 때 오토바이를 조심해야 합니다.	유턴하다
☐ ทางด่วน	**ถ้ารีบไปก็ขึ้นทางด่วนค่ะ** 서둘러 가려거든 고속도로를 타세요.	고속도로
☐ ทางเดิน	**ฝนตกตลอดเวลาทำให้ทางเดินลื่นครับ** 비가 계속 내려서 길이 미끄럽습니다.	보도, 통 로, 복도
☐ ทางม้าลาย	**มีอุบัติเหตุเกิดขึ้นมากมายบน ทางม้าลายค่ะ** 횡단보도에서 사고가 많이 발생합니다.	횡단보도
☐ สามแยก	**เจอกันที่สามแยกนะครับ** 삼거리에서 만나요.	삼거리
☐ วงเวียน	**เมื่อวานเห็นรถชนกันที่วงเวียนค่ะ** 어제 로터리에서 차가 충돌하는 것을 봤어요.	로터리, 콤 파스

☐ สะพาน	**สะพาน**นี้สร้างมานานแล้วครับ 이 다리는 아주 오래 전에 지어졌습니다.	교각, 다리
☐ สะพานลอย	**ถ้าคุณไม่ใช้สะพานลอย**ก็จะถูกปรับ ครับ 육교를 이용하지 않으면 벌금이 부과될 깃입니다.	육교
☐ จอดรถ	**คุณจอดรถ**ที่นี่ไม่ได้ค่ะ 이곳에 주차하시면 안 됩니다.	차를 주차 하다
☐ สัญญาณไฟ จราจร	**สัญญาณไฟจราจร**แถวบ้านเสียบ่อย มากครับ 집 근처 신호등이 너무 자주 고장납니다.	신호등
☐ อุบัติเหตุ	**อุบัติเหตุ**ครั้งนี้ควรเป็นบทเรียนค่ะ 이번 사고는 교훈을 삼아야 합니다.	(우발적인) 사고
☐ ตำรวจจราจร	**ตำรวจจราจร**ยืนตรงใกล้ ๆ โรงเรียน ครับ 교통경찰이 학교 가까이에 서 있습니다.	교통경찰

1 다음 단어와 반대 의미를 연결하세요.

① บน •   • นอก

② ขวา •   • ล่าง

③ ใน •   • ซ้าย

④ เข้า •   • ไป

⑤ มา •   • ออก

2 다음 보기에서 알맞은 단어를 찾아 빈칸에 써 보세요.

보기

สะพาน / ตรงไป / จอดรถ / ทางด่วน / เลี้ยว / ทางเดิน

① _____จนกว่าจะเจอไฟจราจรครับ 신호등이 나올 때까지 쭉 직진하세요.

② ถ้ารีบไปก็ขึ้น_____ค่ะ 서둘러 가려거든 고속도로를 타세요.

③ _____นี้สร้างมานานแล้วครับ 이 다리는 아주 오래 전에 지어졌습니다.

④ คุณ_____ที่นี่ไม่ได้ค่ะ 이곳에 주차하시면 안 됩니다.

⑤ ฝนตกตลอดเวลาทำให้_____ลื่นครับ

비가 계속 내려서 길이 미끄럽습니다.

⑥ ยูเทิร์นแล้ว_____ขวาค่ะ 유턴하신 다음 우회전 하세요.

정답

1 ① ล่าง ② ซ้าย ③ นอก ④ ออก ⑤ ไป
2 ① ตรงไป ② ทางด่วน ③ สะพาน ④ จอดรถ ⑤ ทางเดิน ⑥ เลี้ยว

● 주어진 의미와 발음에 해당하는 올바른 태국어에 ○표시 한 다음 따라 써 보세요.

1

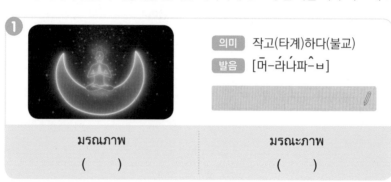

의미 작고(타계)하다(불교)

발음 [머-라나파-ㅂ]

มรณภาพ	มรณะภาพ
( )	( )

2

STANDARDS

의미 표준, 기준

발음 [마-ㅅ뜨라타-ㄴ]

มาตราฐาน	มาตรฐาน
( )	( )

3

의미 (가격)저렴하다

발음 [염야오]

ย่อมเยาว์	ย่อมเยา
( )	( )

정답 1 มรณภาพ 2 มาตรฐาน 3 ย่อมเยา

150

Track 22

คำ/Thai	ประโยค/Thai	뜻
☐ สนามบิน	**ค่าแท็กซี่ไปสนามบินเท่าไหร่คะ** 공항까지 택시비가 얼마예요?	공항
☐ เครื่องบิน	**เครื่องบินลำนี้ใหญ่มากครับ** 이 비행기는 정말 큽니다.	비행기
☐ ตั๋วเครื่องบิน	**ตั๋วเครื่องบินช่วงนี้แพงมากค่ะ** 요즘 비행기 티켓 요금이 정말 비쌉니다.	비행기표
☐ เฟิสต์คลาส	**ตั๋วเฟิสต์คลาสมีที่น้อยมากครับ** 퍼스트 클래스 티켓은 아주 적습니다.	퍼스트클래스
☐ ชั้นธุรกิจ	**นักธุรกิจคนนั้นส่วนใหญ่ใช้ชั้นธุรกิจค่ะ** 그 사업가는 주로 비즈니스 클래스를 이용합니다.	비즈니스 클래스
☐ ชั้นประหยัด	**ผมซื้อตั๋วเครื่องบินชั้นประหยัดครับ** 저는 이코노미 클래스 항공권을 샀습니다.	이코노미 클래스
☐ สายการบิน	**แต่ละสายการบินมีสีที่ต่างกันค่ะ** 항공사마다 서로 색깔이 다릅니다.	항공사
☐ สายการบินต้นทุนต่ำ	**สายการบินต้นทุนต่ำค่าตั๋วจะถูกครับ** 저가 항공사는 항공료가 저렴합니다.	저가 항공사

ตารางแสดงการบิน	**ก่อนขึ้นเครื่องต้องดู**ตารางแสดงการบิน**ให้ดีค่ะ** 비행기 탑승 전에 비행 일정표를 잘 살펴야 합니다.	항공스케줄 표
นักบิน	นักบิน**ช่วยชีวิตผู้โดยสารจำนวนมากครับ** 조종사가 많은 탑승객의 생명을 살렸습니다.	비행사(조종사)
กัปตัน	กัปตัน**ต้องมีความรับผิดชอบค่ะ** 선장은 책임을 져야 합니다.	선장, 함장
ผู้โดยสาร	ผู้โดยสาร**คนนี้แพ้ผลไม้ครับ** 이 승객은 과일 알레르기가 있습니다.	승객
สจ๊วต	สจ๊วต**คนนี้เป็นเด็กใหม่ค่ะ** 이 스튜어디스는 신입입니다.	(배, 비행기의)승무원
แอร์โฮสเตส	**อยากเป็น**แอร์โฮสเตส**ต้องเรียนคณะอะไรคะ** 승무원이 되고 싶은데 어떤 학과를 공부해야 하나요?	스튜어디스, 여승무원
พนักงานต้อนรับบนเครื่องบิน	พนักงานต้อนรับบนเครื่องบิน**บริการดีมากค่ะ** 승무원은 서비스가 아주 좋습니다.	스튜어디스, 여승무원
เคาน์เตอร์เช็คอิน	เคาน์เตอร์เช็คอิน**แถวยาวมากครับ** 체크인 카운터에 줄이 너무 길어요.	체크인 카운터

□ ด่านศุลกากร	พี่ชายทำงานที่ด่านศุลกากรค่ะ 오빠는 세관에서 일합니다.	세관
□ สัมภาระ	ระวังสัมภาระหายก่อนขึ้นเครื่องครับ 탑승 전에 짐을 잃어버리지 않도록 주의하세요.	짐, 수하물
□ หนังสือเดิน ทาง	หนังสือเดินทางของฉันเป็นเล่มที่สองค่ะ 제 여권은 두 번째 (발급받은) 여권이에요.	여권
□ พาสปอร์ต	จะใช้รูปนี้กับพาสปอร์ตของผมครับ 이 사진은 여권에 사용할 거예요.	패스포트, 여권
□บัตรประจำตัว	ห้ามทำบัตรประจำตัวหายนะคะ 신분증을 절대 잃어버리면 안 됩니다.	신분증
□ จอง	จองตั๋วล่วงหน้าดีกว่าครับ 미리 예약하는 게 더 좋겠어요.	예약하다
□ โรงแรม	โรงแรมนั้นตั้งอยู่ในสถานที่ที่ยอดเยี่ยม ค่ะ 그 호텔은 아주 근사한 곳에 위치해 있습니다.	호텔
□ ระดับห้าดาว	โรงแรมระดับห้าดาวมีสิ่งอำนวยความ สะดวกครับ 5성급 호텔에는 편의시설이 있습니다.	5성급
□ ห้องว่าง	โรงแรมเราไม่มีห้องว่างค่ะ 저희 호텔에는 빈 방이 없습니다.	빈 방(객 실)

☐ ห้องเตียงเดี่ยว	**ไปทำธุรกิจต่างประเทศควรจองห้อง เตียงเดี่ยวครับ** 해외 출장은 싱글베드를 예약하셔야 합니다.	싱글베드 룸
☐ ห้องเตียงคู่	**ถ้าไปเที่ยวสองคนต้องจองห้องเตียงคู่ ค่ะ** 둘이 여행하려면 더블침대로 예약해야 해요.	더블베드 룸
☐ เช็คอิน	**ต้องเช็คอินก่อนเที่ยงนะครับ** 정오 전에 체크인하셔야 합니다.	체크인
☐ เช็คเอาท์	**เราต้องจ่ายเงินก่อนจะเช็คเอาท์จาก โรงแรมนี้ค่ะ** 우리는 이 호텔에서 체트아웃하기 전에 결제를 먼저 해야 합니다.	체크아웃
☐ ค่าทิป	ค่าทิป**เท่าไหร่ถึงจะดีครับ** 팁으로 얼마가 적당할까요?	팁
☐ บริการซัก-อบ-รีด	บริการซักอบรีด**ที่นี่ดีมากค่ะ** 여기 세탁 서비스가 아주 좋습니다.	세탁-건조-다림서비스
☐ บริการรับ-ส่งสนามบิน	บริการรับ-ส่งสนามบิน**ที่เกาหลีดีมาก ครับ** 한국에서는 공항 픽업 서비스가 아주 좋습니다.	픽업(셔틀)서비스
☐ บริการโทรปลุก	บริการโทรปลุก**ต้องบอกพนักงานวัน ก่อนค่ะ** 모닝콜 서비스는 전날 직원에게 미리 말해야 합니다.	알람서비스

154

อินเทอร์เน็ตไร้สาย	เดี๋ยวนี้โรงแรมทุกที่มีอินเทอร์เน็ตไร้สาย**ครับ** 요즘 모든 호텔에는 무선 인터넷이 있습니다.	무선 인터넷
แผนกต้อนรับ	แผนกต้อนรับ**ต้องแต่งตัวเรียบร้อยค่ะ** 안내부서(프론트 데스크)는 옷을 단정하게 입어야 합니다.	리셉션, 프론트 데스크
แม่บ้าน	แม่บ้าน**กำลังทำความสะอาดห้องนอนครับ** 가사도우미는 침실을 청소하고 계십니다.	가사도우미, 가정주부
รูมเซอร์วิส	**ฉันสั่ง**ไวน์แดงจากรูมเซอร์วิส**แล้วค่ะ** 저는 룸 서비스로 레드 와인을 주문했어요.	룸 서비스
พนักงานเปิด-ปิดประตู	พนักงานเปิดปิดประตู**หน้าตาดีมากครับ** 도어맨 인상이 매우 좋습니다.	도어맨
พนักงานขนกระเป๋า	**สองคนนั้นเป็น**พนักงานขนกระเป๋า**ค่ะ** 그(저) 두 사람은 포터입니다.	포터 (porter)
ผู้จัดการโรงแรม	ผู้จัดการโรงแรม**ดูแลจัดการโรงแรมได้ดีครับ** 호텔 매니저는 호텔 관리를 잘 합니다.	호텔 지배인(매니저)

☐ บันไดหนีไฟ

เวลาไฟไหม้ต้องวิ่งไปที่บันไดหนีไฟค่ะ

화재시 비상계단으로 달려가야 합니다.

비상계단

☐ ประตูหมุน

ประตูหมุนบานใหญ่มากครับ

회전문이 엄청 커요.

회전문

1 다음 그림에 해당하는 태국어를 올바르게 써 보세요.

① 　② 　③

(　　　)　　　(　　　)　　　(　　　)

2 괄호에 들어갈 알맞은 단어를 써 보세요.

① 요즘 **비행기 티켓** 요금이 정말 비쌉니다.

(　　　　　)ช่วงนี้แพงมากค่ะ

② 이 **승객**은 과일 알레르기가 있습니다.

(　　　　　)คนนี้แพ้ผลไม้ครับ

③ 오빠는 **세관**에서 일합니다.

พี่ชายทำงานที่(　　　　　)ค่ะ

3 다음 보기에서 알맞은 단어를 찾아 빈칸에 써 보세요.

> **보기**
>
> จอง / รูมเซอร์วิส / โรงแรม / บริการรับ-ส่งสนามบิน

① _____ตั๋วล่วงหน้าดีกว่าครับ　미리 예약하는 게 더 좋겠어요.

② _____เราไม่มีห้องว่างค่ะ　저희 호텔에는 빈 방이 없습니다.

③ _____ที่เกาหลีดีมากครับ　한국에서는 공항 픽업 서비스가 아주 좋습니다.

④ ฉันสั่งไวน์แดงจาก_____แล้วค่ะ　저는 룸 서비스로 레드 와인을 주문했어요.

● 주어진 의미와 발음에 해당하는 올바른 태국어에 ○표시 한 다음 따라 써 보세요.

1

의미 라이터
발음 [퐈이첵]

ไฟแช็ก	ไฟแช้ก
( )	( )

2

의미 영화
발음 [파⌃ㅂ퐈욘]

ภาพยนตร์	ภาพยนต์
( )	( )

3

의미 임무, 사업
발음 [파-라킷]

ภาระกิจ	ภารกิจ
( )	( )

정답 1 ไฟแช็ก 2 ภาพยนตร์ 3 ภารกิจ

☐ การซื้อของ

การซื้อของ**เป็นสิ่งจำเป็นเวลามาเกาหลีค่ะ**

한국에 왔을 때 쇼핑은 필수입니다.

쇼핑

☐ ห้างสรรพสินค้า

ห้างสรรพสินค้า**ที่นี่ขายแบรนด์เนมด้วยครับ**

이 백화점은 명품도 판매합니다.

백화점

☐ ป้ายราคา

อันนี้ราคาตามป้ายราคา**หรอคะ**

이건 가격표 그대로인가요?

가격표

☐ ลูกค้า

ร้านนี้มีลูกค้า**ไม่ขาดสายครับ**

이 가게는 손님이 끊이지 않습니다.

손님

☐ พ่อค้า

ระวังพ่อค้า**ที่ผิดศีลธรรมในเมืองนี้ค่ะ**

이 도시에서는 부도덕한 상인을 조심하세요.

상인(남자)

☐ แม่ค้า

แม่ค้า**เพชรคนนั้นขายของปลอมให้ฉันค่ะ**

그 다이아몬드 상인이 저에게 가짜를 팔았어요.

상인(여자)

☐ เงินสด

แม่ค้าชอบเงินสด**มากกว่าค่ะ**

상인은 현금을 훨씬 더 선호합니다.

현금

☐ บัตรเครดิต

บัตรเครดิต**พกง่ายครับ**

신용카드는 소지가 편합니다.

신용카드

บัตรเดบิต	สามารถซื้อออนไลน์ได้ด้วยบัตรเดบิต ค่ะ	เช็ค카드
	체크카드로 온라인에서 구매가 가능합니다.	
ของขวัญ	พ่อให้ของขวัญวันเกิดกับฉันครับ	선물
	아빠가 저에게 생일선물을 주셨어요.	
สินค้า	สินค้าได้รับความเสียหายระหว่างการ เดินทางค่ะ	제품, 상품
	제품이 여행 중에 파손되었습니다.	
ราคาพิเศษ	ชั้นหนึ่งมีแผนกสินค้าราคาพิเศษครับ	특가
	1층에는 특가 상품 코너가 있습니다.	
ลิฟต์	เรามีกล้องวงจรปิดคอยตรวจที่ลิฟต์ทุก ตัวค่ะ	엘리베이터
	우리는 모든 엘리베이터를 감시하는 CCTV를 가지고 있습니다.	
บันไดเลื่อน	แผนกเสื้อผ้าหญิงอยู่ข้าง ๆ บันไดเลื่อน ครับ	에스컬레이터
	남성복 코너는 에스컬레이터 옆 쪽에 있습니다.	
ซุ้มขายของ	ช่วงปีใหม่ตรงนี้จะเป็นซุ้มขายของค่ะ	판매부스
	새해 시즌에는 이곳이 판매부스가 될 거예요.	
เสื้อผ้าชาย	เสื้อผ้าชายมีหลากหลายสไตล์ครับ	남성복
	남자 옷은 다양한 스타일이 있습니다.	

เสื้อผ้าหญิง	ฉันชอบเสื้อผ้าหญิงของร้านนี้ที่สุดค่ะ 저는 이 가게의 여성복이 제일 좋습니다.	여성복
เสื้อผ้าเด็ก	เลือกซื้อเสื้อผ้าเด็กแรกเกิดได้เลยค่ะ 신생아 복을 고르시고 구매하실 수 있습니다.	아동복
เฟอร์นิเจอร์	ห้างเฟอร์นิเจอร์ต้องกว้างค่ะ 가구 쇼핑몰은 넓어야 합니다.	가구
เครื่องประดับ	ชั้นใต้ดินมีร้านเครื่องประดับครับ 지하에 액세서리 가게가 있습니다.	장식품, 액세서리
เครื่องสำอาง	ไม่ว่าจะอย่างไรเครื่องสำอางต้องของเกาหลีค่ะ 화장품은 뭐니뭐니해도 한국산이죠.	화장품
เพชรพลอย	ผู้หญิงคนนั้นประดับร่างกายด้วยเพชรพลอยค่ะ 그(저) 여성은 보석으로 치장을 했어요.	귀금속, 보석
อัญมณี	สินค้าชั้นเยี่ยมของเมืองไทยคืออัญมณีค่ะ 태국의 최상품은 바로 보석입니다.	보석, 패물
ของเล่น	เด็กชอบเล่นของเล่นครับ 아이들은 장난감 가지고 노는 것을 좋아합니다.	장난감
พระพุทธเจ้า	ศาสนาพุทธนับถือพระพุทธเจ้าค่ะ 불교는 부처님을 신봉합니다.	부처, 불타

☐ พระสงฆ์	**พระสงฆ์**เป็นผู้มีธรรมะในใจครับ 승려들은 마음이 유덕합니다.	승려
☐ เณร	**เณร**ขอรับบิณฑบาตจากชาวบ้านค่ะ 동자승은 마을 사람들로부터 보시를 받았습니다.	사미승, 동자승
☐ พระพุทธรูป	**พระพุทธรูป**องค์นี้ใหญ่มากครับ 이 불상은 매우 큽니다.	불상
☐ อุโบสถ	**วัดนี้มี**อุโบสถ**หลายแห่งค่ะ** 이 사원에는 불당이 많이 있습니다.	불당
☐ ศาลาวัด	**ชาวบ้านช่วยกันบริจาคเงินสร้าง**ศาลา วัด**ครับ** 마을 사람들은 사원의 정자를 짓기 위해 돈을 기부했습니다.	사원 내의 정자
☐ เจดีย์	**เด็ก ๆ สนุกสนานกับการก่อ**เจดีย์**ทราย ค่ะ** 아이들이 모래탑 쌓는 것을 즐깁니다.	탑
☐ ระฆัง	**เสียง**ระฆัง**กังวานไปทั่วหมู่บ้านครับ** 종소리가 온 마을에 (아름답게) 울려 퍼졌습니다.	종
☐ หอระฆัง	**ภายในวัดมี**หอระฆัง**ค่ะ** 사원 내에 종각(종탑)이 있습니다.	종각(종탑)
☐ สวดมนต์	**ก่อนนอนฉัน**สวดมนต์**ทุกคืนครับ** 잠들기 전에 매일 밤 기도를 합니다.	염불(기도) 하다

162

☐ ธูป	**น้องไปซื้อธูป 5 แหนบมาให้แม่ค่ะ** 동생이 향을 다섯 개 사다가 어머니께 드렸습니다.	향
☐ กระถางธูป	**กระถางธูป**ต้องสะอาดนะครับ 향로는 깨끗해야 합니다.	향로
☐ เทียน	**ฉันนั่งสมาธิต่อหน้าแสง**เทียน**ริบหรี่ค่ะ** 저는 가물거리는 촛불 빛 앞에서 명상을 했습니다.	양초
☐ เชิงเทียน	เชิงเทียน**นี้เสียบเทียนได้สามเล่มครับ** 이 촛대는 초를 세 개 꽂을 수 있습니다.	촛대
☐ ดอกบัว	**ในพุทธศาสนามักมีรูป**ดอกบัว**ค่ะ** 불교에는 대게 연꽃 모양이 있습니다.	연꽃
☐ น้ำมนต์	น้ำมนต์**เป็นสิ่งศักดิ์สิทธิ์ครับ** 성수는 신성한 것입니다.	성수
☐ สายสิญจน์	สายสิญจน์**ก็เป็นสิ่งศักดิ์สิทธิ์เหมือนกันค่ะ** 법사(法紗) 또한 영험한 것입니다.	법사(法紗): 승려가 사용하는 성스러운 실
☐ ตาลปัตร	ตาลปัตร**มีไว้บังหน้าพระสงฆ์ครับ** 딸라빳은 승려의 얼굴을 가리기 위한 것입니다.	의식에 사용하는 긴 나뭇잎 모양의 부채
☐ การทำสมาธิ	การทำสมาธิ**ทำให้จิตใจสงบค่ะ** 명상은 마음을 안정시킵니다.	명상, 좌선, 묵상

บริจาค	โปรดบริจาคสิ่งของเพื่อการกุศลครับ	기부(기증) 하다, 시주 하다
	자선단체에 물품을 기부해 주시기 바랍니다.	

เมรุ	ฉันจ้องมองโลงศพจากเมรุค่ะ	화장터, 수 미산(불교)
	저는 화장터에서 관을 바라보았습니다.	

ศพ	เธอสวมเสื้อผ้าสีดำเข้มไปงานศพครับ	시체, 시신
	그녀는 진한 검정색 옷을 입고 장례식에 갔습니다.	

งานศพ	งานศพที่ไทยจัดที่วัดค่ะ	장례식
	태국의 장례식은 사원에서 거행됩니다.	

สัปเหร่อ	สัปเหร่อเป็นหนึ่งในงานที่ยากลำบากครับ	장의사
	장의사는 힘든 직업 중 하나입니다.	

1 다음 그림에 해당하는 태국어를 올바르게 써 보세요.

①  ②  ③

(   )   (   )   (   )

2 괄호에 들어갈 알맞은 단어를 써 보세요.

① 상인은 **현금**을 훨씬 더 선호합니다.

แม่ค้าชอบ(   )มากกว่าค่ะ

② **남자 옷**은 다양한 스타일이 있습니다.

(   )มีหลากหลายสไตล์ครับ

③ **가구** 쇼핑몰은 넓어야 합니다.

ห้าง(   )ต้องกว้างค่ะ

3 다음 보기에서 알맞은 단어를 찾아 빈칸에 써 보세요.

보기

การทำสมาธิ / หอระฆัง / พระสงฆ์ / น้ำมนต์

① _____เป็นผู้มีธรรมะในใจครับ   승려들은 마음이 유덕합니다.

② **ภายในวัดมี**_____ค่ะ   사원 내에 종각(종탑)이 있습니다.

③ _____เป็นสิ่งศักดิ์สิทธิ์ครับ   성수는 신성한 것입니다.

④ _____ทำให้จิตใจสงบค่ะ   명상은 마음을 안정시킵니다.

정답

1 ① บัตรเครดิต ② ของขวัญ ③ ของเล่น **2** ① เงินสด ② เสื้อผ้าชาย ③ เฟอร์นิเจอร์
3 ① พระสงฆ์ ② หอระฆัง ③ น้ำมนต์ ④ การทำสมาธิ

● 주어진 의미와 발음에 해당하는 올바른 태국어에 ○표시 한 다음 따라 써 보세요.

1

| 의미 | 안내원, 여행가이드 |
| 발음 | [막쿠테̂-ㅅ] |

มัคคุเทศก์

(   )

มัคคุเทศน์

(   )

2

| 의미 | 머스터드(mustard) |
| 발음 | [맏̀ㅆ따-̀ㅅ] |

มัสตาร์ด

(   )

มัสตาด

(   )

3

| 의미 | 거미 |
| 발음 | [매̄-ㅇ뭄] |

แมลงมุม

(   )

แมงมุม

(   )

정답 **1** มัคคุเทศก์   **2** มัสตาร์ด   **3** แมงมุม

| โรงพยาบาล | โรงพยาบาล**เอกชนราคาแพงค่ะ**
사립(개인)병원은 비쌉니다. | 병원 |

| หมอ | หมอ**บอกว่ายังไงบ้างครับ**
의사가 뭐라고 하던가요? | 의사(구어체) |

| แพทย์ | แพทย์**แนะนำให้เพื่อนของฉันผ่าตัดค่ะ**
의사가 제 친구에게 수술을 권했습니다. | 의사(문어체) |

| นางพยาบาล | นางพยาบาล**คนนั้นใจดีมากครับ**
그 간호사는 매우 친절합니다. | 간호사 |

| คนไข้ | **อาการของ**คนไข้**ดีขึ้นแล้วใช่ไหมคะ**
환자의 상태가 나아졌죠? | 환자 |

| ผู้ป่วย | ผู้ป่วย**มีอาการแย่ลงครับ**
환자의 상태가 악화되었습니다. | 환자 |

| รถพยาบาล | **เรียก**รถพยาบาล**ให้หน่อยค่ะ**
구급차 좀 불러 주세요. | 엠뷸런스, 구급차 |

| ผ่าตัด | ผ่าตัด**ใช้เวลากี่ชั่วโมงครับ**
수술은 몇 시간이나 걸립니까? | 수술(시술)하다 |

| ศัลยกรรม | ศัลยกรรม**ครั้งนี้จบลงด้วยดีค่ะ**
이번 수술은 잘 끝났어요. | (외과)수술 |

☐ ชุดกาวน์	**ชุดกาวน์เป็นชุดที่หมอใส่ครับ** 가운은 의사가 입는 옷입니다.	가운
☐ ฉีดยา	**ตอนเด็กฉันกลัวการฉีดยาค่ะ** 어렸을 때 주사 맞기가 두려웠습니다.	주사하다 (주사놓다)
☐ ความดัน โลหิต	**พ่อมีความดันโลหิตสูงครับ** 아빠는 고혈압이 있으십니다.	혈압
☐ ชีพจร	**ชีพจรของฉันยังเต้นแรงค่ะ** 저의 맥박이 아직도 두근거립니다.	맥, 맥박
☐ ใบสั่งยา	**ถ้าไม่มีใบสั่งยาก็ซื้อยาไม่ได้ครับ** 처방전이 없으면 약을 살 수 없어요.	처방전
☐ ตรวจสุขภาพ	**คนมีอายุควรตรวจสุขภาพทุกปีค่ะ** 나이가 든 사람은 매년 건강검진을 받아야 합니다.	건강검진 하다
☐ ตรวจเลือด	**ตรวจสุขภาพต้องตรวจเลือดด้วยครับ** 건강검진은 혈액검사도 해야 합니다.	혈액검사 하다
☐ ตรวจปัสสาวะ	**ไม่เคยตรวจปัสสาวะค่ะ** 소변검사를 해본 적이 없어요.	소변검사 하다
☐ แผนกตา	**ตอนนี้กำลังรอหมออยู่ที่แผนกตาครับ** 지금 안과에서 의사를 기다리고 있어요.	안과

| แผนก ทันตกรรม | วันนี้ไป**แผนกทันตกรรม**แล้วก็ถอนฟัน ค่ะ | 치과 |
| | 오늘 치과에 가서 이를 뽑았어요. | |

| แผนก สูตินรีเวช | **แม่ไปตรวจสุขภาพที่แผนกสูตินรีเวช** ครับ | 산부인과 |
| | 엄마는 산부인과에서 건강검진을 받으셨어요. | |

| ร้านขายยา | ร้านขายยา**ปิดทุกวันอาทิตย์ค่ะ** | 약국 |
| | 약국은 매주 일요일마다 문을 닫습니다. | |

| เภสัชกร | **ร้านขายยาร้านนี้มี**เภสัชกร**ประจำอยู่** ครับ | 약사 |
| | 이 약국은 상주하고 있는 의사가 있습니다. | |

| เภสัชกรรม | **แม่เรียนจบที่คณะเภสัชกรรมค่ะ** | 조제, 제약 |
| | 엄마는 약학과를 졸업하셨습니다. | |

| ยาเม็ด | **เด็ก ๆ ไม่ชอบกินยาเม็ดครับ** | 알약 |
| | 아이들은 알약 먹는 걸 싫어합니다. | |

| ยาน้ำ | **ต้องกินยาน้ำครั้งละ 2 ช้อนค่ะ** | 물약 |
| | 물약을 한번에 두 눈금 씩 먹어야 합니다. | |

| ยาทา | ยาทา**แก้คันราคาถูกซื้อออนไลน์ได้ครับ** | 연고 |
| | 가격이 싼 가려움증 연고는 온라인에서 구매가 가능합 니다. | |

ยาแก้ปวด	เวลาปวดหัวต้องกินยาแก้ปวดค่ะ 머리가 아플 때는 진통제를 먹어야 합니다.	진통제
ยาแก้อักเสบ	ควรทานยาแก้อักเสบเมื่อไรครับ 항생제(소염제)는 어떨 때 먹어야 하나요?	항생제(소염제)
ยาแก้ท้องร่วง	เมื่อท้องร่วงต้องกินยาแก้ท้องร่วงค่ะ 설사할 때에는 지사제를 복용해야 합니다.	지사제, 설사약
ยานอนหลับ	ถ้านอนไม่หลับต้องกินยานอนหลับครับ 잠이 오지 않는다면 수면제를 복용해야 해요.	수면제
ยาหยอดตา	ตาอักเสบต้องใส่ยาหยอดตาค่ะ 안구염에는 안약을 투여해야 합니다.	안약

1 다음 그림에 해당하는 태국어를 올바르게 써 보세요.

①    ②    ③

(   )   (   )   (   )

2 괄호에 들어갈 알맞은 단어를 써 보세요.

① **수술**은 몇 시간이나 걸립니까?

(   )ใช้เวลากี่ชั่วโมงครับ

② 어렸을 때 **주사 맞**기가 두려웠습니다.

ตอนเด็กฉันกลัวการ(   )ค่ะ

③ 처방전이 없으면 약을 살 수 없어요.

ถ้าไม่มี(   )ก็ซื้อยาไม่ได้ครับ

3 다음 보기에서 알맞은 단어를 찾아 빈칸에 써 보세요.

> **보기**
>
> ตรวจเลือด / ยาเม็ด / ร้านขายยา / ยาแก้ปวด

① ตรวจสุขภาพต้อง_____ด้วยครับ 건강검진은 혈액검사도 해야 합니다.

② _____ปิดทุกวันอาทิตย์ค่ะ 약국은 매주 일요일마다 문을 닫습니다.

③ เด็ก ๆ ไม่ชอบกิน_____ครับ 아이들은 알약 먹는 걸 싫어합니다.

④ เวลาปวดหัวต้องกิน_____ค่ะ 머리가 아플 때는 진통제를 먹어야 합니다.

정답

1 ① หมอ　② นางพยาบาล　③ คนไข้　**2** ① ผ่าตัด　② ฉีดยา　③ ใบสั่งยา
3 ① ตรวจเลือด　② ร้านขายยา　③ ยาเม็ด　④ ยาแก้ปวด

쉬어가기 태국인도 자주 틀리는 태국어 단어

● 주어진 의미와 발음에 해당하는 올바른 태국어에 ○표시 한 다음 따라 써 보세요.

1

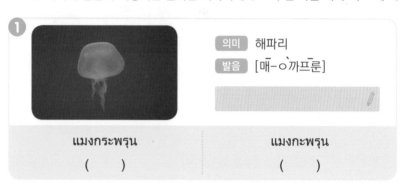

의미 해파리
발음 [매-ㅇ까프룬]

แมงกระพรุน	แมงกะพรุน
( )	( )

2

의미 공평(하다), 공정(하다)
발음 [윳띠탐]

ยุตติธรรม	ยุติธรรม
( )	( )

3

의미 청소년, 유소년
발음 [야오와촌]

เยาว์ชน	เยาวชน
( )	( )

정답 **1** แมงกะพรุน　**2** ยุติธรรม　**3** เยาวชน

| ☐ ธนาคาร | **พ่อเคยเป็นผู้จัดการของ**ธนาคาร**ครับ** | 은행 |
| | 아빠는 은행의 지점장이셨습니다. | |

| ☐ พนักงาน
ธนาคาร | พนักงานธนาคาร**นี้อธิบายให้ฉันฟัง**
อย่างใจดีค่ะ | 은행원 |
| | 이 은행의 종업원은 저에게 친절하게 설명해 주었습니다. | |

| ☐ เครื่องกดบัตร
คิว | **ฝากกดบัตรที่**เครื่องกดบัตรคิว**หน่อย**
ครับ | 번호표 기
계 |
| | 번호표 기계에서 번호표 좀 뽑아 주세요.(표 좀 눌러 주
세요) | |

| ☐ ธนบัตร | ธนบัตร**สีม่วงมีค่าห้าร้อยบาทค่ะ** | 지폐 |
| | 보라색 지폐는 500바트 입니다. | |

| ☐ เหรียญ | เหรียญ**สิบบาทเป็นเหรียญที่ใหญ่ที่สุด**
ครับ | 동전 |
| | 10바트 동전은 가장 큰 동전입니다. | |

| ☐ สมุดบัญชี | **กรุณาลงชื่อใน**สมุดบัญชี**ค่ะ** | 통장 |
| | 통장에 서명을 해 주시기 바랍니다. | |

| ☐ เลขบัญชี | **ลืม**เลขบัญชี**ไปแล้วครับ** | 계좌번호 |
| | 계좌번호를 잊어버렸습니다. | |

| ☐ ยอดเงินคง
เหลือ | **บัญชีนี้มี**ยอดเงินคงเหลือ**สามพันบาทค่ะ** | 잔액 |
| | 이 계좌는 잔액이 3,000바트 입니다. | |

□ค่าธรรมเนียม ธนาคาร	ค่าธรรมเนียมธนาคาร**เพิ่มขึ้นในปีนี้ครับ** 올해 은행 수수료가 인상되었습니다.	은행수수료
□ การฝากเงิน	**ฉันมาที่นี่เพื่อ**ฝากเงิน**ค่ะ** 저는 입금하러 왔습니다.	예금, 입금
□ การถอนเงิน	**คุณไม่**สามารถถอนเงินได้หลังเที่ยงคืน**ครับ** 자정 이후에는 출금이 불가능합니다.	출금
□ การโอนเงิน	**ต้อง**โอนเงินให้เพื่อน**ค่ะ** 친구에게 계좌이체를 해야 합니다.	이체
□ การเปิดบัญชี	**ถ้าจะทำ**การเปิดบัญชี**ต้องมีบัตรประชาชนครับ** 계좌를 개설하려면 신분증이 필요합니다.	계좌 개설
□ ตู้เอทีเอ็ม	**เมื่อคืนมีผู้ร้ายบุกทุบ**ตู้เอทีเอ็ม**ค่ะ** 어젯밤에 범인이 현금인출기를 털었습니다.	ATM기계
□ บัตรเอทีเอ็ม	**ช่วยทำ**บัตรเอทีเอ็ม**ให้หน่อยได้ไหมครับ** 현금인출카드 좀 만들어 주시겠어요?	현금(인출)카드
□ สาขา	**ธนาคารนี้มี**สาขา**เยอะที่สุดค่ะ** 이 은행은 지점이 제일 많습니다.	지점, 분점
□ หนี้	**พ่อไม่เคยติด**หนี้**ใครครับ** 아버지는 누구에게도 빚을 진 적이 없습니다.	빚, 채무

แลกเงิน	ธนาคารบางที่ไม่สามารถแลกเงินได้ค่ะ 어떤 은행은 환전을 할 수 없습니다.	환전하다
ไปรษณีย์	ไปรษณีย์แถวบ้านปิดเร็วมากครับ 집 근처 우체국은 일찍 문을 닫습니다.	우체국
พนักงาน ไปรษณีย์	พนักงานไปรษณีย์คนนี้จัดการงานได้ อย่างรวดเร็ว 이 우체국 직원은 신속하게 일을 처리한다.	우체국 직 원
ตู้ไปรษณีย์	เดี๋ยวนี้ตู้ไปรษณีย์ไม่ค่อยมีแล้วครับ 요즘은 우체통이 별로 없습니다.	우체통, 사 서함
พัสดุ	พัสดุมาถึงแล้วค่ะ 택배가 도착했습니다.	소포
จดหมาย	มีจดหมายมาส่งครับ 편지가 왔어요.	편지
ที่อยู่	ที่อยู่ปัจจุบันคืออะไรคะ 현 주소가 어떻게 되나요?	주소
ผู้ส่ง	ทำไมพัสดุไม่มีชื่อผู้ส่งครับ 택배에 왜 발송인 이름이 없어요?	보내는 사 람
ผู้รับ	ชื่อผู้รับทำไมเป็นชื่อคนอื่นคะ 수신인 이름이 왜 다른 사람 이름이에요?	받는 사람

☐ **รหัสไปรษณีย์**	**รหัสไปรษณีย์**เมืองนี้คืออะไรครับ 이 도시의 우편번호가 어떻게 됩니까?	우편번호
☐ **ซองจดหมาย**	**เจ้าหน้าที่ลืมผนึกซองจดหมายของเขาค่ะ** 담당자는 그의 편지 봉투를 봉인하는 것을 잊었다. **TIP** ผนึก 접착하다, 단단히 봉하다	편지봉투
☐ **คอนโดมิเนียม**	**ต้องการเช่าโดมิเนียมที่ไม่ไกลจากที่ทำงานครับ** 직장(사무실)에서 멀지 않은 콘도 임차를 원합니다.	취급주의
☐ **ช่อง**	**ขอเชิญหมายเลข 5 ที่ช่อง 7 ค่ะ** 5번 손님 7번 창구로 와 주시기 바랍니다.	창구, 채 널, 틈(새)
☐ **ส่งด่วนพิเศษ**	**พัสดุนี้ต้องส่งด่วนพิเศษครับ** 현대 태국 미술관은 예술에 대한 열정으로부터 비롯되었다.	속달로 보 내다
☐ **ตาชั่ง**	**กรุณาวางกล่องนี้ไว้บนตาชั่งค่ะ** 이 상자를 저울 위에 올려 놓으시기 바랍니다.	저울

1 다음 그림에 해당하는 태국어를 올바르게 써 보세요.

①  ②  ③

(   )   (   )   (   )

2 괄호에 들어갈 알맞은 단어를 써 보세요.

① **계좌번호**를 잊어버렸습니다.

ลืม(   )ไปแล้วครับ

② 저는 **입금**하러 왔습니다.

ฉันมาที่นี่เพื่อ(   )ค่ะ

③ 아버지는 누구에게도 **빚을 진** 적이 없습니다.

พ่อไม่เคยติด(   )ใครครับ

3 다음 보기에서 알맞은 단어를 찾아 빈칸에 써 보세요.

> 보기
>
> ผู้รับ / แลกเงิน / ไปรษณีย์

① ธนาคารบางที่ไม่สามารถ_____ได้ค่ะ   어떤 은행은 환전을 할 수 없습니다.

② _____แถวบ้านปิดเร็วมากครับ   집 근처 우체국은 일찍 문을 닫습니다.

③ ชื่อ_____ทำไมเป็นชื่อคนอื่นคะ   수신인 이름이 왜 다른 사람 이름이에요?

정답

1 ① เหรียญ   ② สมุดบัญชี   ③ จดหมาย   2 ① เลขบัญชี   ② ฝากเงิน   ③ หนี้
3 ① แลกเงิน   ② ไปรษณีย์   ③ ผู้รับ

● 주어진 의미와 발음에 해당하는 올바른 태국어에 ○표시 한 다음 따라 써 보세요.

①

| 의미 | 캠페인(운동)하다 |
| 발음 | [론나롱] |

รณรงค์	รนรงค์
(　　)	(　　)

②

| 의미 | 맛 |
| 발음 | [롯차^ㅅ] |

รสชาติ	รสชาต
(　　)	(　　)

③

| 의미 | 암호, 번호, 코드(code) |
| 발음 | [라핫] |

ระหัส	รหัส
(　　)	(　　)

정답 　**1** รณรงค์　**2** รสชาติ　**3** รหัส

178

6 컴퓨터와 인터넷

คอมพิวเตอร์	บ้านฉันมีคอมพิวเตอร์หลายเครื่องค่ะ 저희 집에는 컴퓨터가 여러 대 있어요.	컴퓨터
โน้ตบุ๊ก	โน้ตบุ๊กนี้มีฟังก์ชั่นที่หลากหลายจริง ๆ ครับ 이 노트북은 기능이 정말 다양합니다.	노트북
จอ คอมพิวเตอร์	จอคอมพิวเตอร์กว้างใช้สบายค่ะ 널찍한 컴퓨터 모니터가 사용하기 편합니다.	컴퓨터 모니터
คีย์บอร์ด	คีย์บอร์ดมีแสงราคาแพงครับ 빛이 나는 키보드는 가격이 비쌉니다.	키보드
เมาส์	เมาส์ตัวนี้เป็นเมาส์ไร้สายค่ะ 이 마우스는 무선 마우스예요.	마우스
คลิก	ดับเบิ้ลคลิกตรงนี้สองรอบครับ 이 부분 더블클릭을 두 번 하세요.	클릭
ลำโพง	ลำโพงส่วนใหญ่มีสองข้างค่ะ 대부분의 스피커는 두 쪽이 있습니다.	스피커
ลบ	ถ้ากดอันนี้ข้อความจะถูกลบครับ 이 부분을 누르면 메시지가 삭제됩니다.	삭제하다, 지우다

| ยกเลิก | **ถ้าจะยกเลิกต้องกดย้อนหลังค่ะ** | 취소하다 |
| | 취소하시려면 뒤로 가기를 눌러야 합니다. | |

| เชื่อมต่อ | **ถ้าจะเชื่อมต่อต้องเปิดเครื่องก่อนครับ** | 연결하다 |
| | 연결하려면 우선 전원을 켜야 합니다. | |

| ค้นหา | **กดปุ่มนี้จะเป็นการค้นหาค่ะ** | 검색(탐색) 하다 |
| | 이 버튼을 누르면 검색이 됩니다. | |

| แก้ไข | **เป็นไปได้ที่จะแก้ไขปัญหาครับ** | 해결하다, 고치다 |
| | 문제를 해결할 수 있습니다.(문제 해결이 가능합니다) | |

| รหัสผ่าน | **ห้ามลืมรหัสผ่านนะคะ** | 암호 |
| | 비밀번호를 잊으면 안 됩니다. | |

| บลูทูธ | **บลูทูธทำให้ชีวิตสะดวกสบายมากครับ** | 블루투스 |
| | 블루투스는 삶을 매우 편리하게 해줍니다. | |

| ปรินเตอร์ | **ปรินเตอร์เครื่องนี้ปริ้นสีไม่ได้ค่ะ** | 프린터 |
| | 이 프린터는 컬러 프린트를 할 수 없습니다. | |

| โซเชียล เน็ตเวิร์ก | **เด็กสมัยนี้ติดโซเชียลเน็ตเวิร์กมากครับ** | 소셜네트 워크 |
| | 요즘 아이들은 소셜네트워크에 푹 빠져 있습니다. | |

เว็บไซต์	สอนวิธีทำเว็บไซต์หน่อยค่ะ	웹사이트
	웹사이트 만드는 방법 좀 가르쳐 주세요.	

บันทึก	เครื่องบันทึกเสียงไม่ทำงานครับ	기록하다
	녹음기가 작동하지 않습니다.	

ถังขยะ	ถังขยะเต็มแล้วเอาขยะไปทิ้งด้วยค่ะ	쓰레기통
	쓰레기통이 가득 찼으니 가져다 버리세요.	

โฮมเพจ	โฮมเพจของบริษัทนี้ยอดเยี่ยมครับ	홈페이지
	이 회사의 홈페이지는 정말 멋집니다.	

อีเมล	ขอที่อยู่อีเมลหน่อยได้ไหมคะ	이메일
	이메일 주소 좀 주실 수 있으세요?	

ดาวน์โหลด	อย่ากดดาวน์โหลดอะไรมั่ว ๆ นะครับ	다운로드
	아무렇게나 다운로드를 누르지 마세요.	

ไฟล์แนบ	มีไฟล์แนบด้วยในอีเมลเหรอคะ	첨부파일
	이메일에 파일이 첨부되어 있나요?	

ฟอนต์	จะแนะนำ 5 ฟอนต์สไตล์โมเดิร์นนะครับ	폰트
	5개의 모던한 폰트들 소개하겠습니다.	

เออเรอร์	ถ้ากดอันนี้จะขึ้นเออเรอร์นะคะ	에러
	이것을 누르면 에러가 날 거예요.	

| แฮกเกอร์ | เพื่อนอยากเป็นแฮกเกอร์ครับ | 해커 |
| | 친구는 해커가 되고 싶어 합니다. | |

| ยูทูบเบอร์ | ช่วงนี้ยูทูบเบอร์เป็นที่นิยมค่ะ | 유튜버 |
| | 요즘 유튜버가 대세입니다. | |

ฮาร์ดดิสก์	ผู้ใช้ส่วนใหญ่เลือกซื้อฮาร์ดดิสก์โดยพิจารณาที่ความจุเป็นหลักค่ะ	하드디스크
	대부분의 사용자는 용량 위주로 고려하여 하드디스크를 구매합니다.	
	TIP ความจุ ยอด$ ยอด$ ครก ยรต **TIP** ความจุ용량, 용적, 크기, 부피	

| ซีพียู | ซีพียู หรือ ไมโครโปรเซสเซอร์ นั้น ย่อมาจากคำว่า Central Processing Unit ครับ | 중앙처리장치 (CPU) |
| | 씨피유 혹은 마이크로프로세서는 Central Processing Unit 의 줄임말입니다. | |

| แบ็คอัพ | เราต้องแบ็คอัพข้อมูลไว้เสมอค่ะ | 백업하다 |
| | 우리는 항상 데이터를 백업해 두어야 합니다. | |

| แผงควบคุม | สามารถใช้แผงควบคุมเพื่อเปลี่ยนการตั้งค่าสำหรับ Windows ครับ | 제어판 |
| | 제어판을 사용하여 윈도우의 설정을 변경할 수 있습니다. | |

| เปิดเครื่อง | ต้องเปิดเครื่องก่อนที่จะใช้คอมพิวเตอร์ค่ะ | 전원을 켜다 |
| | 컴퓨터를 사용하기 전에 반드시 전원을 켜야 합니다. | |

1 다음 그림에 해당하는 태국어를 올바르게 써 보세요.

① 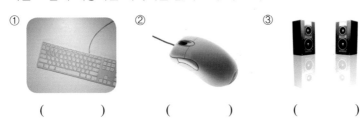 ② ③

(   )   (   )   (   )

2 괄호에 들어갈 알맞은 단어를 써 보세요.

① 저희 집에는 **컴퓨터**가 여러 대 있어요.

บ้านฉันมี(   )หลายเครื่องค่ะ

② 이 부분 더블**클릭**을 두 번 하세요.

ดับเบิ้ล(   )ตรงนี้สองรอบครับ

③ **취소**하시려면 뒤로 가기를 눌러야 합니다.

ถ้าจะ(   )ต้องกดย้อนหลังค่ะ

3 다음 보기에서 알맞은 단어를 찾아 빈칸에 써 보세요.

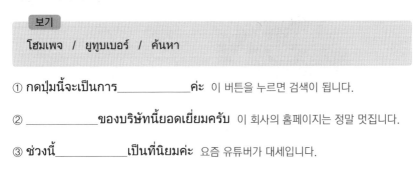

보기

โฮมเพจ / ยูทูบเบอร์ / ค้นหา

① กดปุ่มนี้จะเป็นการ_____ค่ะ 이 버튼을 누르면 검색이 됩니다.

② _____ของบริษัทนี้ยอดเยี่ยมครับ 이 회사의 홈페이지는 정말 멋집니다.

③ ช่วงนี้_____เป็นที่นิยมค่ะ 요즘 유튜버가 대세입니다.

정답

1 ① คีย์บอร์ด ② เมาส์ ③ ลำโพง **2** ① คอมพิวเตอร์ ② คลิก ③ ยกเลิก
3 ① ค้นหา ② โฮมเพจ ③ ยูทูบเบอร์

● 주어진 의미와 발음에 해당하는 올바른 태국어에 ○표시 한 다음 따라 써 보세요.

1

의미 싫어하다, 미워하다

발음 [랑끼-얏]

รังเกียจ	รังเกลียจ
( )	( )

2

의미 (덮밥처럼) 반찬이나 국을 위에 얹은 음식

발음 [라-ㅅ나-]

ลาดหน้า	ราดหน้า
( )	( )

3

의미 (과일)용안

발음 [람야이]

ลำไย	ลำใย
( )	( )

정답 **1** รังเกียจ **2** ราดหน้า **3** ลำไย

VI

대학과 회사

Track 27

| □ มหาวิทยาลัย | มหาวิทยาลัย**นี้มีหลายสาขาวิชาครับ** | 대학교 |
| | 이 대학교는 학과가 많습니다. | |

| □ นักศึกษา | **คนนี้เป็น**นักศึกษา**ดีเด่นค่ะ** | 대학생 |
| | 이 사람은 우수한 대학생(우등생)입니다. | |

| □ บัตรประจำตัว นักศึกษา | บัตรประจำตัวนักศึกษา**ทำที่ไหนครับ** | 학생증 |
| | 학생증은 어디에서 만드나요? | |

| □ อธิการบดี | **คนนั้นคือ**อธิการบดี**เหรอคะ** | 총장 |
| | 저 분이 총장님이세요? | |

| □ ศาสตราจารย์ | **คณะเรามี**ศาสตราจารย์**สองท่านค่ะ** | (정)교수 |
| | 우리 학부에는 교수님 두 분이 계십니다. | |

| □ บรรยาย | **ผมได้รับเชิญจากเซบาซีให้ไป**บรรยาย**ครับ** | 강의(강연) 하다 |
| | 저는 세바시로부터 강연 초빙을 받았습니다. | |

| □ เปิดเทอม | เปิดเทอม**เมื่อไหร่คะ** | 개강하다 |
| | 개강은 언제쯤 하나요? | |

| □ ปิดเทอม | ปิดเทอม**ฤดูร้อนผ่านไปรวดเร็วโดยไม่รู้ตัวครับ** | 방학하다 |
| | 여름 방학이 쥐도 새도 모르게(빠르게) 지나갔다. | |

☐ ค่าเทอม	กระทรวงศึกษาธิการประกาศขึ้นค่าเทอมค่ะ	학비(등록금)
	교육부에서 등록금 인상을 발표했습니다.	
☐ หอพัก	หอพักโรงเรียนเราเก่ามากครับ	기숙사
	우리 학교 기숙사는 매우 낡았습니다.	
☐ ชมรม	อยากเข้าชมรมอะไรเหรอคะ	동아리
	무슨 동아리에 들어가고 싶어요?	
☐ ทุนการศึกษา	ผมเคยได้ทุนการศึกษาครับ	장학금
	저는 장학금을 받은 적이 있습니다.	
☐ เกรด	เกรดเทอมนี้ไม่ค่อยดีเลยค่ะ	학점, 등급
	이번 학기 성적은 별로 좋지 않아요.	
☐ สอบผ่าน	ได้ยินมาว่าสอบผ่านแล้วครับ	시험에 합격하다
	시험에 합격했다고 들었습니다.	
☐ สอบตก	เสียดายที่สอบตกค่ะ	시험에 떨어지다
	시험에 떨어져서 너무 아쉬워요.	
☐ รายงาน	ทำรายงานเสร็จหรือยังครับ	리포트, 보고서
	리포트 작성 다 끝내셨어요?	
☐ วิทยานิพนธ์	วิทยานิพนธ์จะทำหัวข้ออะไรคะ	논문
	논문은 어떤 주제로 하실 거에요?	

บัณฑิต วิทยาลัย	บัณฑิตวิทยาลัย**หมายถึงสถาบัน อุดมศึกษา** 대학원은 고등교육을 의미한다.	대학원
ปริญญาเอก	**ฉันยังเรียน**ปริญญาเอก**ไม่จบค่ะ** 저는 아직 박사과정을 마치지 못 했습니다.	박사
ปริญญาโท	**พี่ฉันเรียนจบ**ปริญญาโท**แล้วครับ** 우리 형은 석사과정을 마쳤습니다.	석사
ปริญญาตรี	**เขาจบ**ปริญญาตรี**ด้านกฎหมายค่ะ** 그 사람은 법학 학사를 마쳤습니다.	학사
พิธีสำเร็จการ ศึกษา	**พรุ่งนี้เป็นวัน**พิธีสำเร็จการศึกษา**ครับ** 내일은 졸업식입니다.	수료식, 졸 업식
ชุดครุย	**เช่า**ชุดครุย**ที่ไหนคะ** 졸업식 가운은 어디에서 빌리나요?	(졸업식에 입는)가운
ช่อดอกไม้	**ผมเตรียม**ช่อดอกไม้**วันเกิดมาครับ** 생일 꽃다발을 준비했어요.	꽃다발
คณะ	คณะ**เรามีทั้งหมดกี่คนครับ** 우리 학부는 총 몇 명이에요?	학부

□ วิชาเอก	วิชาเอกของฉันคือประวัติศาสตร์ค่ะ	전공
	저의 전공은 역사학입니다.	
□ วิชาโท	วิชาโทมีอะไรบ้างครับ	부전공
	부전공에는 어떤 것들이 있나요?	
□ ประวัติศาสตร์	เราต้องจดจำบทเรียนทางประวัติศาสตร์ค่ะ	역사학
	우리는 역사적인 교훈을 기억해야 합니다.	
□ นิติศาสตร์	นักศึกษานิติศาสตร์ต้องศึกษากฎหมายแพ่งครับ	법학
	법대생들은 민법을 공부해야 합니다.	
□ ภาษาศาสตร์	เพื่อนฉันเรียนคณะภาษาศาสตร์ค่ะ	언어학
	제 친구는 언어학부를 다니고 있어요.	
□ นิเทศศาสตร์	มหาลัยเราไม่มีคณะนิเทศศาสตร์ครับ	신문방송학
	우리 대학에는 신문방송학과가 없습니다.	
□ ภูมิศาสตร์	ฉันไม่ค่อยชอบวิชาภูมิศาสตร์เท่าไหร่ค่ะ	지리학
	저는 지리학을 별로 좋아하지 않습니다.	
□ เภสัชศาสตร์	คนรักสัตว์ชอบเรียนเภสัชศาสตร์ครับ	약학
	동물애호가들은 약학을 좋아합니다.	
□ มนุษยศาสตร์	วิชาปรัชญาเป็นวิชาแขนงหนึ่งในมนุษยศาสตร์ค่ะ	인문학
	철학은 인문학의 한 분야입니다.	

แพทยศาสตร์	อยากศึกษาแพทยศาสตร์เพื่อที่จะได้เป็นหมอครับ 의사가 되기 위해 의학을 공부하고 싶어요.	의학
พยาบาลศาสตร์	คุณได้ศึกษาที่คณะพยาบาลศาสตร์เหรอคะ 당신은 간호학과에서 공부했나요?	간호학
เกษตรศาสตร์	ลูกของชาวนาเรียนเกษตรศาสตร์ครับ 농부의 아들은 농학을 공부했습니다.	농학
รัฐศาสตร์	เขาเป็นอาจารย์คณะรัฐศาสตร์ค่ะ 그 사람은 정치학 교수입니다.	정치학
พาณิชยศาสตร์	คณะพาณิชยศาสตร์มีแค่ 2 ที่ครับ 상과대학(상업학부)은 두 곳 밖에 없어요.	무역학, 상학
วิทยาศาสตร์	สอบวิทยาศาสตร์ผ่านไหมคะ 과학 시험에 합격했어요?	과학
ศิลปศาสตร์	เธอได้รับปริญญาโททางด้านศิลปศาสตร์ครับ 그녀는 인문학 석사학위를 받았습니다.	인문학부, 교양
คณิตศาสตร์	เพื่อนฉันเก่งวิชาคณิตศาสตร์ค่ะ 제 친구는 수학을 잘 합니다.	수학

เคมี	วิชาที่ผมชอบคือวิชาเคมีครับ	화학
	제가 좋아하는 과목은 화학입니다.	

ชีววิทยา	ท่านเป็นนักชีววิทยาที่มีชื่อเสียงโด่งดัง	생물학
	그 분은 유명한 생물학자입니다.	

เทววิทยา	เทววิทยามีความหมายแคบและความหมายกว้าง	신학
	신학은 협의의 의미와 광의의 의미가 있다.	

ปรัชญา	เราควรจะมีปรัชญาในการใช้ชีวิตค่ะ	철학
	우리는 삶에 대한 철학을 가져야 한다.	

ประวัติศาสตร์โลก	ประวัติศาสตร์โลกหรือประวัติศาสตร์มนุษยชาติ เริ่มต้นที่ยุคหินเก่าครับ	세계사
	세계사 또는 인류사는 구석기 시대부터 시작되었습니다.	

ฟิสิกส์	อาจารย์ของฉันเป็นผู้เชี่ยวชาญด้านฟิสิกส์นิวตรอนค่ะ	물리학
	저의 교수님은 중성자 물리학의 대가(전문가)입니다.	

1 다음 중 '대학교'와 관련이 <u>없는</u> 단어를 고르세요.

① นักศึกษา ② หอพัก ③ ชมรม ④ หอระฆัง

2 다음 중 '법학'을 의미하는 단어를 고르세요.

① ภาษาศาสตร์ ② นิติศาสตร์ ③ ภูมิศาสตร์ ④ มนุษยศาสตร์

3 다음 보기에서 알맞은 단어를 찾아 빈칸에 써 보세요.

> **보기**
>
> ทุนการศึกษา / รัฐศาสตร์ / เปิดเทอม / เคมี / วิชาโท / เกรด

① _____เมื่อไหร่คะ 개강은 언제쯤 하나요?

② ผมเคยได้_____ครับ 저는 장학금을 받은 적이 있습니다.

③ _____เทอมนี้ไม่ค่อยดีเลยค่ะ 이번 학기 성적은 별로 좋지 않아요.

④ _____มีอะไรบ้างครับ 부전공에는 어떤 것들이 있나요?

⑤ เขาเป็นอาจารย์คณะ_____ค่ะ 그 사람은 정치학 교수입니다.

⑥ วิชาที่ผมชอบคือวิชา_____ครับ 제가 좋아하는 과목은 화학입니다.

● 주어진 의미와 발음에 해당하는 올바른 태국어에 ○표시 한 다음 따라 써 보세요.

1

의미 저작권, 판권

발음 [리카씻]

ลิขสิทธิ	ลิขสิทธิ์
( )	( )

2

의미 승강기, 엘리베이터

발음 [립]

ลิฟท์	ลิฟต์
( )	( )

3

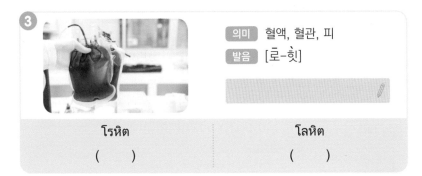

의미 혈액, 혈관, 피

발음 [로-힛]

โรหิต	โลหิต
( )	( )

정답 **1** ลิขสิทธิ์ **2** ลิฟต์ **3** โลหิต

| ☐ สัมภาษณ์ | **พรุ่งนี้ฉันมี**สัมภาษณ์**งานค่ะ** | 면접, 인터
뷰 |
| | 저는 내일 일자리 면접이 있습니다. | |

| ☐ ใบสมัครงาน | **ผมกำลังทำ**ใบสมัครงาน**ครับ** | 지원서 |
| | 저는 입사지원서를 작성하고 있습니다. | |

| ☐ เรซูเม่ | **กรุณาส่ง**เรซูเม่**ของคุณภายในหนึ่ง**
สัปดาห์ค่ะ | 이력서 |
| | 당신의 이력서를 일주일 이내에 제출해 주세요. | |

| ☐ เงื่อนไข | เงื่อนไข**การจ้างงานของบริษัทนี้คือ**
อะไรครับ | 조건 |
| | 이 회사의 고용(취업) 조건은 무엇입니까? | |

| ☐ ประสบการณ์ | **การหา**ประสบการณ์**เป็นสิ่งสำคัญครับ** | 경험 |
| | 경험을 쌓는 것이 중요합니다. | |

| ☐ จุดมุ่งหมาย | **คนเราต้องมี**จุดมุ่งหมาย**ค่ะ** | 목적, 목표 |
| | 우리들은 목적을 가지고 있어야 합니다. | |

| ☐ คุณสมบัติ | คุณสมบัติ**ของคนดีมีอะไรบ้างครับ** | 품행, 미
덕, 자격,
소질 |
| | 당신의 소질은 무엇입니까? | |

| ☐ คุณวุฒิ | **อาจารย์เป็นผู้ทรง**คุณวุฒิ**ในสาขา**
ฟิสิกส์ค่ะ | 자격, 권위 |
| | 교수님께서는 물리학 분야의 권위자세요. | |

| ☐ แง่มุม | **เวลาคิดต้องคิดในหลาย**แง่มุม**ครับ** | 방면, 각도 |
| | 생각할 때에는 여러 방면으로 생각해야 합니다. | |

☐ ท้าทาย	อย่าท้าทายความอดทนของฉันค่ะ	도전하다, 덤비다
	저의 인내심에 도전하지 마세요.	
☐ เผชิญหน้า	ถึงเราเหนื่อยเราก็ต้องเผชิญหน้าต่อไปครับ	직면(당면)하다, 얼굴을 맞대다
	비록 힘들 지라도 계속 맞서야 합니다.	
☐ พิจารณา	ทำอะไรต้องพิจารณาให้ดีค่ะ	심사숙고하다, 고려하다
	무얼 하든 심사숙고해야 합니다.	
☐ รับมือ	เราต้องเตรียมรับมือเผื่อเหตุการณ์ข้างหน้าครับ	대처하다, 대응하다
	우리는 만일의 경우에 대비해야 합니다.	
☐ ต้องการ	ดิฉันไม่ต้องการให้คุณมาช่วยค่ะ	원하다, 바라다
	저는 당신의 도움이 필요 없습니다.	
☐ ความมั่นใจ	ทำงานด้วยความมั่นใจครับ	자신감, 확신
	자신감을 가지고 일 하세요.	
☐ ความสามารถ	เขาเป็นคนที่มีความสามารถโดดเด่นค่ะ	능력
	그는 뛰어난 능력을 가진 사람입니다.	
☐ ความสัมพันธ์	ทั้งสองประเทศมีความสัมพันธ์ที่เป็นมิตรกันครับ	관계, 관련
	양국은 친밀한 우호관계를 유지하고 있습니다.	
☐ จัดการ	เจ้าหน้าที่จะจัดการเรื่องนั้นค่ะ	처리하다
	그 일은 담당자가 처리할 거예요.	

☐ ปรับปรุง	**ร้านนี้ปิด**ปรับปรุง**อีกแล้วครับ** 이 가게는 문을 닫고 다시 리모델링했어요.	개선(개정) 하다, 조정 하다
☐ จุดแข็ง	จุดแข็ง**ของดิฉันคือความมั่นใจค่ะ** 저의 강점은 바로 자신감입니다.	강점, 장점
☐ เงินเดือน	**ดีใจที่วัน**เงินเดือน**ออกใกล้เข้ามาแล้ว** **ครับ** 월급날이 다가와서 기쁩니다.	월급
☐ รายได้	รายได้**ของแม่เราเยอะกว่าพ่อค่ะ** 우리 엄마의 수입이 아빠보다 많습니다.	수입, 소득
☐ กำไร	**บริษัทนั้นคาดหวังผล**กำไร**ก้อนใหญ่** **ครับ**. 그 회사는 큰 이익을 기대하고 있습니다.	이윤, 이익
☐ โบนัส	**บริษัทเรามี**โบนัส**ทุกเดือนค่ะ** 우리 회사는 매달 보너스가 있습니다.	보너스
☐ ฝึกงาน	**รุ่นพี่เป็นคนแนะนำให้มา**ฝึกงาน**ที่นี่ครับ** 선배가 여기에서 인턴을 하라고 소개해 주었습니다.	견습(실습, 수습)하다
☐ ระยะเวลา ทดลองงาน	**ตอนนี้ฉันอยู่ใน**ระยะเวลาทดลองงาน**ค่ะ** 저는 현재 수습(인턴)기간입니다.	수습(실습) 기간
☐ รับผิดชอบ	**โตแล้วต้องมีความ**รับผิดชอบ**ครับ** 어른이 되어서는 책임을 져야 합니다.	책임(을 지 다)

196

☐ บทบาท	**คุณได้รับบทบาทเป็นอะไรคะ** 당신은 어떤 역할(배역)을 맡았나요?	작용, 역 할, 배역
☐ กระตือรือร้น	**เขาทำงานด้วยความกระตือรือร้นเสมอ** **ครับ** 그는 항상 적극적으로 나서서 일합니다.	적극적으 로 하다, 열띠다
☐ เป้าหมาย	**เราต้องบรรลุเป้าหมายให้ได้ค่ะ** 우리는 반드시 목표에 도달해야 합니다.	목표, 목 적, 대상
☐ จุดมุ่งหมาย	จุดมุ่งหมายที่จะเรียนภาษาไทยคืออะไร ครับ 태국어를 배우려는 목적이 무엇입니까?	의도, 목 표, 목적
☐ มุ่งมั่น	**เรามีความตั้งใจที่มุ่งมั่นในความฝันค่ะ** 우리는 꿈을 향한 굳은 의지가 있습니다.	몰두(몰입) 하다
☐ ความตั้งใจ	**ความตั้งใจมาจากความพยายามครับ** 의지는 노력으로부터 나옵니다.	의지
☐ ความสำเร็จ	**ถ้าพยายาม ความสำเร็จก็จะตามมาค่ะ** 노력을 한다면 성공이 뒤따를 것입니다.	성공
☐ ความคาด หมาย	**พ่อแม่มาเยี่ยมอย่างไม่คาดหมายครับ** 부모님이 예상치 못하게 찾아오셨습니다.	기대, 예 상, 짐작
☐ บกพร่อง	**ถ้ามีข้อบกพร่องกรุณาติดต่อมาทางนี้ค่ะ** 만약 부족한 점이 있다면 이쪽으로 연락 주시기 바랍니 다.	부족하다, 모자라다

☐ หนังสือ สัญญา	**เซ็น**หนังสือสัญญา**ต้องอ่านข้อตกลงให้ดีครับ** 계약서에 서명할 때에는 협의 내용을 잘 읽어야 합니다.	계약(약정, 서약)서
☐ แรงจูงใจ	แรงจูงใจ**ในการสมัครบริษัทของเราคือ** **อะไรคะ** 우리 회사에 지원하게 된 동기가 무엇입니까?	(지원)동 기, 계기
☐ ความคิดเห็น	**เจ้านายกับฉันมี**ความคิดเห็น**ตรงกัน** **ครับ** 상사와 저는 견해가(의견이) 일치합니다.	견해, 의견
☐ รอยยิ้ม	**พนักงานคนหนึ่งต้อนรับผู้ซื้อด้วย**รอย ยิ้ม**ค่ะ** 한 직원이 미소를 지으며 바이어를 맞이했습니다.	미소
☐ ยืดหยุ่น	**จำนวนเงินเดือนสามารถ**ยืดหยุ่น**ได้ครับ** 급여액은 (탄력있게) 조정이 가능합니다.	유연하다, 융통성(탄 력)있다

1 다음 중 '소득'과 관련이 <u>없는</u> 단어를 고르세요.

① รายการ   ② เงินเดือน   ③ รายได้   ④ โบนัส

2 다음 중 '면접'에 해당하는 올바른 단어를 고르세요.

① สัมผัส   ② สัมภาร   ③ สัมภาษณ์   ④ สัมภารก

3 다음 보기에서 알맞은 단어를 찾아 빈칸에 써 보세요.

보기

ความมั่นใจ / บทบาท / ความตั้งใจ / ประสบการณ์ / ความสำเร็จ /
จุดมุ่งหมาย

① การหา_____เป็นสิ่งสำคัญครับ 경험을 쌓는 것이 중요합니다.

② คนเราต้องมี_____ค่ะ 우리들은 목적을 가지고 있어야 합니다.

③ ทำงานด้วย_____ครับ 자신감을 가지고 일 하세요.

④ คุณได้รับ_____เป็นอะไรคะ 당신은 어떤 역할(배역)을 맡았나요?

⑤ _____มาจากความพยายามครับ 의지는 노력으로부터 나옵니다.

⑥ ถ้าพยายาม_____ก็จะตามมาค่ะ 노력을 한다면 성공이 뒤따를 것입니다.

쉬어가기 태국인도 자주 틀리는 태국어 단어

● 주어진 의미와 발음에 해당하는 올바른 태국어에 ○표시 한 다음 따라 써 보세요.

1

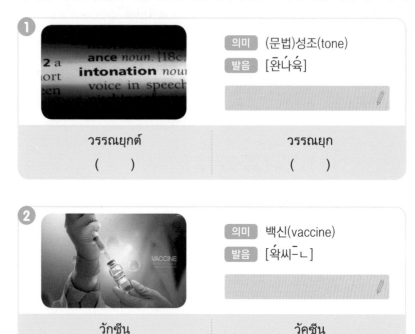

의미	(문법)성조(tone)
발음	[환나육]

วรรณยุกต์	วรรณยุก
( )	( )

2

의미	백신(vaccine)
발음	[왁씨-ㄴ]

วักซีน	วัคซีน
( )	( )

3

의미	베트남(Vietnam)
발음	[위엣나-ㅁ]

เวียดนาม	เวียตนาม
( )	( )

정답 **1** วรรณยุกต์ **2** วัคซีน **3** เวียดนาม

☐ บริษัท	**พ่อเป็นเจ้าของ**บริษัท**ครับ** 아버지는 회사의 소유주입니다.	회사
☐ บริษัทของเรา	บริษัทของเรา**มีสิ่งอำนวยความสะดวกค่ะ** 우리 회사는 편의시설을 갖추고 있습니다.	우리 회사
☐ บริษัทของท่าน	บริษัทของท่าน**มีพนักงานกี่คนครับ** 귀사는 직원이 몇 명입니까?	귀사(당신의 회사)
☐ เพื่อนร่วมงาน	**คนนี้เป็น**เพื่อนร่วมงาน**ของฉันค่ะ** 이 사람은 저의 직장동료입니다.	(직장)동료
☐ เจ้านาย	เจ้านาย**ของผมอายุน้อยมากครับ** 저의 사장님은 나이가 아주 어립니다.	고용주, 상사, 주인
☐ เจ้าของ	**น้องเป็น**เจ้าของ**ร้านอาหารค่ะ** 동생은 식당의 주인입니다.	소유자, 주인
☐ เจ้าหน้าที่	เจ้าหน้าที่**อนุญาตให้ผมเข้าไปครับ** 담당자가 저의 출입을 허락해 주었습니다.	담당자
☐ ผู้จัดการ	**เรียก**ผู้จัดการ**ให้หน่อยค่ะ** 매니저 좀 불러 주세요.	매니저, 지배인
☐ หัวหน้า	**ในที่สุดเขาก็ได้เป็น**หัวหน้า**ทีมฟุตบอลครับ** 그는 결국 축구팀의 주장을 맡게 되었습니다.	보스, 대장, 과장, 반장, 주장

ว่าจ้าง	เขาว่าจ้างช่างมาซ่อมท่อน้ำค่ะ	고용하다, (돈을 주고)초빙하다
	그는 수리공을 고용해서 수도관을 고쳤어요.	

คนฝึกงาน	คนฝึกงานมารวมตัวกันที่ห้องประชุมครับ	견습(실습)생, 인턴
	인턴들이 회의실에 모여 있습니다.	

ทำงานประจำ	ฉันเป็นคนทำงานประจำที่นี่ค่ะ	정규직으로 일하다
	저는 이곳에서 정규직으로 일하는 사람입니다.	

ทำงานล่วงเวลา	บริษัทเราไม่เคยทำงานล่วงเวลาครับ	초과근무하다, 야근하다
	우리 회사는 초과근무(야근)를 한 적이 없습니다.	

ทำงานเป็นกะ	ทำงานเป็นกะต้องเลือกช่วงเวลาให้ดีค่ะ	교대근무하다
	교대근무는 시간을 잘 선택해야 합니다.	

ข้อตกลง	ข้อตกลงของเรามีห้าข้อครับ	협의(결의, 협정) 내용
	우리의 결의(합의) 내용은 5 가지 항목이 있습니다.	

การประกันภัย	การประกันภัยจะช่วยแบ่งเบาภาระครับ	보험
	보험은 부담을 덜어줄 것입니다.	

การเลื่อนขั้น	การเลื่อนขั้นไม่ใช่เรื่องง่ายเลยค่ะ	승진
	승진은 결코 쉬운 일이 아닙니다.	

☐ การปฏิบัติงาน	การปฏิบัติงาน**แบบหลายอย่างรวมกัน** 여러 가지 일을 동시에 함(멀티태스킹)	근무, 복무, 재직
☐ ตำแหน่ง	**ตำแหน่ง**ของคุณในแผนกคืออะไรคะ 부서에서 당신의 직책은 무엇입니까?	직위, 직책, 직무
☐ ฝ่ายขาย	**ลองให้เขาทำงานใน**ฝ่ายขาย**ไหมครับ** 그 사람을 영업부에서 일하게 해 보시겠어요?	영업부, 판매부
☐ ฝ่ายจัดซื้อ	ฝ่ายจัดซื้อ**ทำงานเรียบร้อยมากค่ะ** 구매부서는 일을 아주 깔끔하게 합니다.	조달청, 구매부서
☐ แผนกการตลาด	แผนกการตลาด**ทำรายได้ดีมากครับ** 마케팅부서는 많은 수입을 올렸습니다.	마케팅부서
☐ แผนกบัญชี	แผนกบัญชี**ต้องมีความรอบคอบค่ะ** 경리부는 신중해야 합니다.	회계부서, 경리부서
☐ แผนกวิศวกรรม	แผนกวิศวกรรม**มีคนน้อยครับ** 토목부서는 인원이 적습니다.	토목부서, 건축부서
☐ แผนกบุคคล	**คนนั้นได้รับการแต่งตั้งเป็น**แผนกบุคคล**ค่ะ** 그 사람은 인사과로 발령이 났습니다.(임명되었습니다.)	인사과, 인사부서, 노무

แผนกไอที	แผนกไอที**ได้รับรางวัลเมื่อวานครับ** IT부서는 어제 상을 받았습니다.	IT부서, 전 자부서
แผนกผลิต	แผนกผลิต**ซื้อเครื่องมือมาใหม่ค่ะ** 생산부에서 새 공구(기구)를 구입했습니다.	생산부
ประท้วง	**มีคนบาดเจ็บในการ**ประท้วง**ครั้งนี้ครับ** 이번 시위에서 부상자가 발생했습니다.	항의(시위) 하다
หยุดงาน	**เพื่อนร่วมงานไม่ยอมรับ**หยุดงาน**ค่ะ** 동료들은 일을 그만두는 것을 받아들이지 않았습니다.	일을 쉬다, 결근하다
นัดหยุดงาน	**การ**นัดหยุดงาน**ทำให้โรงงานปิด กิจการครับ** 파업으로 인하여 공장들이 문을 닫았습니다.	파업(을 약 속)하다
ลาป่วย	**คุณนิชา**ลาป่วย**บ่อยจังค่ะ** 니차 씨는 병가를 자주 냅니다.	병가(를 내 다)
ลากิจ	**คุณสมชาย**ลากิจ**อีกแล้วเหรอครับ** 솜차이 씨가 또 (용무차) 휴가를 내셨어요?	(용무차)휴 가를 내다
ลาพักร้อน	**พรุ่งนี้เป็นวัน**ลาพักร้อน**ของหัวหน้าค่ะ** 내일은 과장님(상사)의 휴가일입니다.	(여름)휴가 를 내다
ลาคลอด	**คุณอ้อย**ลาคลอด**วันไหนนะครับ** 어이 씨 출산휴가가 언제예요?	출산휴가 를 내다

☐ ลาแต่งงาน	**สมหมายกับจินดา**ลาแต่งงาน**วันที่สิบค่ะ** 쏨마이와 찐다는 10일로 결혼휴가를 냈어요.	결혼휴가 를 내다
☐ ลาออก	**ผม**ลาออก**หลังจากยื่นใบลาออกครับ** 저는 사표를 낸 뒤 사퇴했습니다.	사직(사퇴, 은퇴)하다
☐ ตกงาน	**เขา**ตกงาน**มาเป็นปีแล้วค่ะ** 그는 실직한 지 1년 되었습니다.	실직하다, 직업을 잃 다
☐ ไล่ออก	**ส้มโดน**ไล่ออก**จากตำแหน่งอีกแล้วครับ** 쏨은 또 파면되었습니다.	내보내다, 자르다, 쫓 아내다
☐ ว่างงาน	ว่างงาน**แล้วทำไมถึงไม่หาอะไรทำคะ** 할 일이 없는데도 왜 뭐든 할 일을 찾지 않는 거죠?	실직하다, 실업
☐ เกษียณอายุ	**คุณตา**เกษียณอายุ**แล้วครับ** 할아버지께서는 정년퇴임 하셨습니다.	정년퇴직 하다
☐ เงินบำนาญ	**คุณตาจึง**ได้เงินบำนาญ**ครับ** 그래서 할아버지께서는 연금을 받게 되셨습니다.	(퇴직)연금
☐ เงินบำเหน็จ	**คุณแม่**ได้เงินบำเหน็จ**มาสองแสนบาท** **ครับ** 어머니께서는 20만 바트의 퇴직금을 받으셨습니다.	퇴직금

1 다음 중 '회사'에 해당하는 올바른 단어를 고르세요.

① บริศัท   ② บริสัท   ③ บริษัด   ④ บริษัท

2 다음 중 '휴가'의 종류가 <u>아닌</u> 단어를 고르세요.

① ลาป่วย   ② ลาพักร้อน   ③ ลาออก   ④ ลาคลอด

3 다음 보기에서 알맞은 단어를 찾아 빈칸에 써 보세요.

> **보기**
>
> แผนกไอที / เกษียณอายุงาน / ลากิจ / ข้อตกลง / การเลื่อนขั้น /
> เพื่อนร่วมงาน

① **คนนี้เป็น_____ของฉันค่ะ** 이 사람은 저의 직장동료입니다.

② **_____ของเรามีห้าข้อครับ**

우리의 결의(합의) 내용은 5가지 항목이 있습니다.

③ **_____ไม่ใช่เรื่องง่ายเลยค่ะ** 승진은 결코 쉬운 일이 아닙니다.

④ **_____ได้รับรางวัลเมื่อวานครับ** IT부서는 어제 상을 받았습니다.

⑤ **คุณสมชาย_____อีกแล้วเหรอครับ**

솜차이 씨가 또 (용무차) 휴가를 내셨어요?

⑥ **คุณตา_____แล้วครับ** 할아버지께서는 정년퇴임 하셨습니다.

● 주어진 의미와 발음에 해당하는 올바른 태국어에 ○표시 한 다음 따라 써 보세요.

1

의미 (문법)단어, 말

발음 [캄쌉]

คำศัพท์	คำศัพย์
( )	( )

2

의미 예술(품)

발음 [씬라빠깜]

ศิลปกรรม	ศิลปะกรรม
( )	( )

3

의미 머리, 두부

발음 [씨-싸]

ศรีษะ	ศีรษะ
( )	( )

정답 **1** คำศัพท์　**2** ศิลปกรรม　**3** ศีรษะ

☐ ออฟฟิศ	**เปิดออฟฟิศ**ที่กรุงเทพเสียเงินเยอะมากค่ะ 방콕에 사무실을 열었는데 돈이 엄청 많이 듭니다.	오피스, 사무실
☐ เก้าอี้	**เก้าอี้**ตัวนี้ทำจากไม้ครับ 이 의자는 나무로 만들었습니다.	의자
☐ โต๊ะ	**โต๊ะ**กินข้าวบ้านเราใหญ่มากค่ะ 우리집 식탁은 엄청 큽니다.	테이블, 책상
☐ ปากกา	**ปากกา**สีดำยาวกว่าปากกาสีแดงครับ 검은색 펜이 빨간색 펜보다 깁니다.	펜
☐ กาว	**กาว**แท่งดีกว่ากาวน้ำค่ะ 물풀보다 접착풀이 더 좋습니다.	풀
☐ เทปกาว	**เทปกาว**หมดแล้วครับ 접착 테이프가 다 떨어졌어요.	접착 테이프
☐ ที่เย็บกระดาษ	**ที่เย็บกระดาษ**หายไปไหนคะ 스테플러 어디 갔어요?(어디로 사라졌어요?)	스테플러
☐ ที่เจาะรูกระดาษ	**ที่เจาะรูกระดาษ**พังไปสองอันแล้วครับ 펀치 두 개가 망가졌어요.	펀치
☐ ที่ใส่ดินสอ	**ที่ใส่ดินสอ**ของใครคะ 연필꽂이 누구 거예요?	연필꽂이

ยางลบ	ยางลบ**ก้อนละห้าบาทครับ** 지우개 한 개당 5바트입니다.	지우개
วงเวียน	วงเวียน**ของญี่ปุ่นขายดีค่ะ** 일본 컴퍼스가 잘 팔립니다.	컴퍼스, 로 터리
กระดาษสี	**พับ**กระดาษสี**ทำดอกไม้แล้วค่ะ** 색종이를 접어서 꽃을 만들었어요.	색종이
มีดคัตเตอร์	**ระวัง**มีดคัตเตอร์**บาดครับ** 커터칼에 베이지 않게 조심하세요.	커터 칼
กรรไกร	**ลองใช้**กรรไกร**ตัดกระดาษสีดูสิคะ** 가위를 사용해서 색종이를 잘라 보세요.	가위
ซองจดหมาย	ซองจดหมาย**ทำจากกระดาษรีไซเคิล** **ครับ** 이 편지봉투는 재활용지로 만들었습니다.	편지봉투
ตรายาง	**หยิบ**ตรายาง**ให้ครูหน่อยค่ะ** (고무)도장을 가져다 선생님께 드리세요.	고무인, 도 장
ปรินเตอร์	ปรินเตอร์**หมึกหมดครับ** 프린터 잉크가 다 떨어졌어요.	프린터
เครื่องคิดเลข	**ตอนสอบใช้**เครื่องคิดเลข**ไม่ได้นะคะ** 시험 볼 때 계산기를 사용하면 안 됩니다.	계산기

กระดานดำ	ผมไม่ชอบเสียงขูดกระดานดำจริง ๆ ครับ	칠판
	저는 칠판 긁는 소리를 정말 싫어합니다.	
กระดานไวท์บอร์ด	ทำไมยังไม่ลบกระดานไวท์บอร์ดคะ	화이트보드
	왜 아직도 화이트보드를 지우지 않았어요?	
โปรเจคเตอร์	ใช้โปรเจคเตอร์ในการนำเสนอครับ	프로젝터
	발표할 때 프로젝터를 사용하세요.	
โปรเจ็กต์	โปรเจ็กต์นี้ต้องเสร็จภายในสองสัปดาห์ค่ะ	프로젝트
	이 프로젝트는 2주 안에 마쳐야 합니다.	
เคลียร์งาน	เคลียร์งานให้เสร็จก่อนหยุดยาวกันเถอะค่ะ	일을 (깨끗이) 처리하다
	연휴 전에 일을 말끔히 끝냅시다.	
ปั่นงาน	รีบปั่นงานถึงจะได้ไปเที่ยวค่ะ	일을 (서둘러) 처리하다
	서둘러 일을 마쳐야 놀러 갈 수 있어요.	
ห้องประชุม	ห้องประชุมอยู่ชั้นไหนคะ	회의실
	회의실은 몇 층에 있어요?	
จัดประชุม	ผมจะจัดประชุมสำหรับโครงการใหม่ครับ	회의를 개최(준비)하다
	저는 새 프로젝트를 위한 회의를 열 것입니다.	

นัดประชุม	**คุณสมชายคะ** นัดประชุม**กี่โมงดีคะ** 솜차이 씨, 회의 몇시로 잡는 것이 좋을 까요?	회의를 약 속하다
เรียกประชุม	**ท่านประธาน**เรียกประชุม**ครับ** 회장님께서 회의를 소집하셨습니다.	회의를 소 집하다
ชุมนุม	**ครูอยากให้ทุกคนมา**ชุมนุม**กันในห้อง สมุด** 선생님께서 모두들 도서관에 모였으면 하셨다.	모임, 동아 리, 몰려 있다
เข้าร่วม ประชุม	**พวกเราจะ**เข้าร่วมประชุม**กี่โมงครับ** 우리들 몇 시에 회의에 참석하는 거예요?	회의에 참 석하다
รายงานการ ประชุม	**ฝากทำ**รายงานการประชุม**หน่อยค่ะ** 회의록 작성을 부탁합니다.	회의록, 회 의 보고서
แบบฟอร์ม	**กรอก**แบบฟอร์ม**เสร็จหรือยังครับ** 양식 작성은 다 끝나셨나요?	양식, 서식
ขั้นตอนแรก	ขั้นตอนแรก**ของการพัฒนาระบบงาน** 업무시스템을 개발하는 첫 번째 단계	첫 번째 단 계(순서, 절차)
ขั้นตอน สุดท้าย	ขั้นตอนสุดท้าย**ของกระบวนการปฏิบัติ งาน** 운영 프로세스의 마지막 단계	마지막 단 계(순서, 절차)

| ☐ ขั้นตอนที่ สำคัญ | ขั้นตอนที่สำคัญ**ในการทำวิจัย** | 중요한 단 계(순서, 절차) |
| | 연구를 위한 중요한 단계 | |

| ☐ สาธิต | **คุณนิชา**สาธิต**ให้คุณสมหมายด้วยครับ** | 시범을 보 이다 |
| | 니차 씨가 쏨마이 씨에게 시범을 보여 주세요. | |

| ☐ นิทรรศการ | **พรุ่งนี้เราจะจัดงาน**นิทรรศการ**ค่ะ** | 전시회, 전 람회 |
| | 우리는 내일 전시회를 개최할 것입니다. | |

| ☐ งานแสดง สินค้า | งานแสดงสินค้า**รอบนี้จะจัดสามวันครับ** | 전시회 |
| | 이번 전시 이벤트는 3일 동안 열립니다. | |

1 다음 그림에 해당하는 물건을 태국어로 써 보세요.

① (   )   ② (   )   ③ (   )   ④ (   )

⑤ (   )   ⑥ (   )   ⑦ (   )   ⑧ (   )

2 괄호에 들어갈 알맞은 단어를 써 보세요.

① **회의실**은 몇 층에 있어요?

     (   )อยู่ชั้นไหนคะ

② 서둘러 **일을 마쳐**야 놀러 갈 수 있어요.

     รีบ(   )ถึงจะได้ไปเที่ยวค่ะ

③ **양식** 작성은 다 끝나셨나요?

     กรอก(   )เสร็จหรือยังครับ

④ 니차 씨가 쏨마이 씨에게 **시범**을 보여 주세요.

     คุณนิชา(   )ให้คุณสมหมายด้วยครับ

● 주어진 의미와 발음에 해당하는 올바른 태국어에 ○표시 한 다음 따라 써 보세요.

1

의미 상심(한탄)하다
발음 [쏘̀-ㄱ쎄̂오]

โศรกเศร้า

( )

โศกเศร้า

( )

2

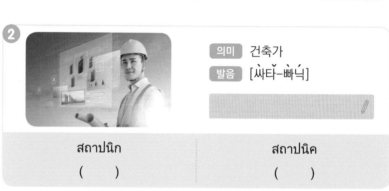

의미 건축가
발음 [싸타̌-빠닉́]

สถาปนิก

( )

สถาปนิค

( )

3

의미 소식, 정보
발음 [쏜테̂-ㅅ]

สนเทศน์

( )

สนเทศ

( )

정답 1 โศกเศร้า 2 สถาปนิก 3 สนเทศ

214

VII

비즈니스

1 전화상황과 항의

☐ โทรศัพท์	**ไม่ค่อยได้ยินเสียง**โทรศัพท์**ครับ** 전화 소리가 잘 안 들립니다.	전화(하다)
☐ สมาร์ทโฟน	สมาร์ทโฟน**รุ่นนี้ชื่ออะไรคะ** 이 스마트폰의 이름이 뭐예요?	스마트폰
☐ ที่ชาร์จ	ที่ชาร์จ**พังอีกแล้วครับ** 충전기가 또 고장났어요(망가졌어요).	충전기
☐ หมายเลข	**ได้มอบหมายเป็น**หมายเลข**หนึ่งค่ะ** 톱시드를 배정받았습니다.	번호
☐ กดหมายเลขโทรศัพท์	**กรุณา**กดหมายเลขโทรศัพท์**และวางสาย** 전화번호를 누르시고 끊으세요.	전화번호를 누르다
☐ ฮัลโหล	ฮัลโหล **คุณสมชายเหรอคะ** 여보세요 쏨차이 씨 인가요?	여보세요
☐ โทรผิด	โทรผิด**ค่ะ ขอโทษค่ะ** 전화 잘못 걸었습니다. 죄송합니다.	전화를 잘못 걸다
☐ โทรกลับ	**อีกห้านาที**โทรกลับ**นะครับ** 5분 후에 다시 전화 주세요.	전화를 다시 걸다
☐ ขอสาย	ขอสาย**คุณคิมหน่อยค่ะ** 김 씨 좀 바꿔 주세요.	~좀 바꿔 주세요(부탁합니다)

วางสาย	ขอวางสายก่อนนะครับ 먼저 끊겠습니다.	전화를 끊 다
ติดสาย	สงสัยติดสายคุณแม่อยู่ถึงไม่รับสายค่ะ 통화중이신지 어머니께서 전화를 받지 않으세요.	통화중이 다
ต่อสาย	เดี๋ยวต่อสายให้นะครับ 곧 연결해 드릴게요.	연결하다, 배선하다
วางหู	ฉันวางหูโทรศัพท์ไปนานแล้วค่ะ 저는 수화기를 내려 놓은 지(끊은 지) 오래 되었어요.	수화기를 내려 놓다 (전화를 끊 다)
ไม่ว่าง	สายคุณไม่ว่างตลอดเลยครับ 당신과 통화가 항상 안 됩니다.	한가하지 않다, 통화 중이다
ข้อความ	ถ้าไม่ว่างรับสายก็ส่งข้อความมาค่ะ 전화 받을 시간이 없으시면 문자 보내 주세요.	내용, 메시 지
ฝากข้อความ	ฝากข้อความอัดเสียงหน่อยครับ 음성 메시지를 남겨 주세요.	메시지를 남기다
ส่งข้อความ	ส่งข้อความหาพ่อแล้วค่ะ 아빠에게 문자를 보냈어요.	메시지를 보내다
สัญญาณ	สัญญาณไม่ดีเสียงกระตุกมากครับ 신호가 좋지 않아 소리가 많이 끊깁니다.	신호, 경보

☐ รับสาย	รับสาย**หน่อยได้ไหมคะ** 전화 좀 받아주시겠어요?	전화를 받 다
☐ พนักงานรับ โทรศัพท์	พนักงานรับโทรศัพท์**ต้องเสียงดีครับ** 전화 교환원은 목소리가 좋아야 합니다.	전화 교환 원, 오퍼레 이터
☐ ขอให้	ขอให้**มีความสุขนะคะ** 행복하시기 바랍니다.	~(하시기) 바랍니다
☐ เกี่ยวกับ	**วันนี้เรียน**เกี่ยวกับ**อะไรบ้างครับ** 오늘 무엇에 대해서 배웠어요?	~에 관하 여, ~에 관 한
☐ การชำระเงิน	**วันนี้เป็นวันสุดท้ายสำหรับ**การชำระเงิน ค่ะ 오늘이 결제 마지막 날입니다.	결제, 지불
☐ สัญญา	สัญญา**นี้จะทำให้ประเทศไทยเจริญขึ้น ครับ** 이 조약은 태국을 더욱 번영시킬 것입니다.	계약, 조약
☐ คัดค้าน	**โต้วาทีต้องทำให้อีกฝ่าย**คัดค้าน**ไม่ได้ ค่ะ** 토론은 상대방이 반박할 수 없도록 해야 합니다.	반대하다, 이의를 제 기하다
☐ โต้แย้ง	**มีข้อ**โต้แย้ง**อะไรไหมครับ** 항의(반박)할 만한 것이 있습니까?	토론(논의) 하다, 항의 하다, 대들 다

☐ ประท้วง	ประท้วง**รอบนี้มีผู้บาดเจ็บสามรายค่ะ** 이번 시위로 부상자가 세 명이 발생했습니다.	시위(항의, 데모)하다
☐ ล่าช้า	**อินเทอร์เน็ต**ล่าช้า**ทำให้ฉันเข้าเรียนไม่ได้ครับ** 인터넷이 느려져서 수업을 들을 수가 없었습니다.	늦다, 더디 다, 꾸물거 리다
☐ ตกลง	**คุณ**ตกลง**กับข้อนี้ไหมคะ** 당신은 이 조항에 동의합니까?	결정하다, 동의하다, 약정하다
☐ หนังสือเครดิต	**ดำเนินเรื่องทำ**หนังสือเครดิต**ให้หน่อยค่ะ** 신용장 만드는 일을 진행해 주세요.	신용장
☐ แอลซี	**ใช้**แอลซี**ยืนยันการชำระเงินได้ครับ** 지불 확인을 위해 신용장(L/C)을 사용하실 수 있습니다.	신용장(L/ C)
☐ ปัญหา	ปัญหา**คือเธอไม่พยายามอะไรเลยค่ะ** 문제는 그녀가 아무 노력도 하지 않는다는 겁니다.	문제
☐ กังวล	กังวล**อะไรเยอะแยะเหรอครับ** 무슨 걱정이 그리 많으세요?	걱정(근심, 우려)하다
☐ เป็นไปได้	เป็นไปได้**ไหมครับว่าถ้าจะให้เธอกลับมา** 그녀를 다시 돌아오게 하는 게 가능할까요?	가능하다

☐ ดำเนินคดี	**ผมจะดำเนินคดีกับเรื่องนี้ครับ** 저는 이 사건을 진행시킬 것입니다.	법적 조치 를 취하다 (진행하 다), 재판 하다
☐ คุณภาพ	**คุณภาพของสินค้าต้องมาก่อนค่ะ** 제품의 품질이 우선입니다.	품질, 성능
☐ คลังสินค้า	**คลังสินค้าเต็มอีกแล้วครับ** 재고가 또 꽉 찼습니다.	창고, 재고
☐ ความพึง พอใจ	**ฉันไม่ได้รับความพึงพอใจค่ะ** 저는 만족 받지 못 했습니다.	만족, 선호
☐ วันกำหนดส่ง สินค้า	**ประชุมเสร็จแล้วมาเลือกวันกำหนดส่ง สินค้าด้วยครับ** 회의를 마친 후에 출하 예정일을 정합시다.	출하 기한 일, 출하 예정일
☐ ขนส่งสินค้า	**บริษัทขนส่งสินค้าจะส่งพัสดุในวันนี้ค่ะ** 운송회사가 오늘 택배를 보낼 것입니다.	화물(제품) 을 운송하 다
☐ การจัดส่ง สินค้า	**การจัดส่งสินค้าได้เริ่มแล้วครับ** 배송이 시작되었습니다.	납품(출 하), 배송
☐ ระบบอัตโนมัติ	**รถยนต์คันนี้มีระบบอัตโนมัติค่ะ** 이 자동차는 자동화 시스템입니다.	자동화 시 스템

| □ ขายส่ง | **ราคาเหล่านี้เป็นราคา**ขายส่ง**นะครับ** | 도매로 팔다 |
| | 이 가격들은 도매 가격입니다. | |

| □ ขายปลีก | **พ่อค้าขายส่งจะขายของให้พ่อค้า**ขายปลีก | 소매로 팔다 |
| | 도매상은 소매상에게 물건을 팔 것이다. | |

1 다음 중 '전화(하다)'에 해당하는 올바른 단어를 고르세요.

① โทรศัพน์　② โทรศัพท์　③ โทรสัพท์　④ โทรษัพท์

2 다음 중 '전화상황'과 관련이 <u>없는</u> 단어를 고르세요.

① ขอสาย　② วางสาย　③ ติดสาย　④ มาสาย

3 다음 보기에서 알맞은 단어를 찾아 빈칸에 써 보세요.

> **보기**
>
> คุณภาพ　/　โต้แย้ง　/　กังวล　/　ที่ชาร์จ　/　ขายส่ง　/　ขอให้

① _____ พังอีกแล้วครับ 충전기가 또 고장났어요(망가졌어요).

② _____ มีความสุขนะคะ 행복하시기 바랍니다.

③ มีข้อ_____ อะไรไหมครับ 항의(반박)할 만한 것이 있습니까?

④ _____ อะไรเยอะแยะเหรอครับ 무슨 걱정이 그리 많으세요?

⑤ _____ ของสินค้าต้องมาก่อนค่ะ 제품의 품질이 우선입니다.

⑥ ราคาเหล่านี้เป็นราคา_____นะครับ 이 가격들은 도매 가격입니다.

● 주어진 의미와 발음에 해당하는 올바른 태국어에 ○표시 한 다음 따라 써 보세요.

1

의미 살펴보다, 관찰하다
발음 [쌍껫]

สังเกต	สังเกตุ
( )	( )

2

의미 국적, 출생
발음 [싼찻]

สัญชาต	สัญชาติ
( )	( )

3

의미 파인애플
발음 [쌉빠롯]

สับปะรด	สับประรด
( )	( )

정답 **1** สังเกต **2** สัญชาติ **3** สับปะรด

☐ โรงงาน

บริษัทเราควรเพิ่มจำนวนโรงงานค่ะ
우리 회사는 공장을 늘려야 합니다.

공장

☐ แรงงาน

อุตสาหกรรมการผลิตต้องการแรงงานมากครับ
제조산업은 상당히 많은 노동력이 요구됩니다.

노동력, 노동

☐ หมวกนิรภัย

กรรมกรต้องใส่หมวกนิรภัยเพื่อความปลอดภัยค่ะ
노동자는 안전을 위해 안전모를 착용해야 합니다.

안전모

☐ รองเท้าบูทนิรภัย

การสวมรองเท้านิรภัยเป็นสิ่งจำเป็นครับ
안전화 착용은 필수입니다.

안전화

☐ เสื้อนิรภัย

ก่อนเข้าทำงานกรุณารับเสื้อนิรภัยไปด้วยค่ะ
작업에 들어가기에 앞서 안전복을 받아 가시기 바랍니다.

안전복

☐ แว่นตานิรภัย

ถ้าไม่มีแว่นตานิรภัย คุณก็เข้าไม่ได้ครับ
보호안경이 없으면 출입하실 수 없습니다.

안전(보호)안경

☐ เครื่องจักร

ใครซ่อมเครื่องจักรอันนี้เป็นบ้างไหมคะ
누가 이 기계를 고칠 수 있는 사람 있나요?

기계, 기기

☐ ผลิต

โรงงานผลิตสินค้าเกิดเหตุไฟไหม้ครับ
제조 공장에서 화재가 발생했습니다.

생산(제조)하다

☐ ผู้ควบคุมการ ผลิต	คุณสุนิชาเป็นผู้ควบคุมการผลิตของ โรงงานค่ะ	생산 관리 인
	쑤니차 씨는 공장의 생산 관리인 입니다.	
☐ ก่อสร้าง	สถานที่ก่อสร้างมักเกิดอุบัติเหตุบ่อย ครับ	건설(건축) 하다
	건설(건축) 현장은 사고가 잦습니다.	
☐ คนงาน ก่อสร้าง	คนงานก่อสร้างส่วนใหญ่มีอายุมากค่ะ	건설 노동 자
	건설 노동자들은 대부분 나이가 많습니다.	
☐ สถาปนิก	สถาปนิกได้ราคาของวัสดุอ้างอิงผิด ครับ	건축(설계) 사
	건축가가 기준 자재 가격을 잘못 잡았습니다.	
☐ ช่างเชื่อม โลหะ	เพื่อนไปสมัครงานเป็นช่างเชื่อมโลหะ เมื่อวานครับ	용접공
	친구는 어제 용접공에 지원하러 갔습니다.	
☐ ช่างประปา	ช่างประปาตรวจสอบว่ามีรอยรั่วหรือ เปล่า	수도(배관) 공
	배관공이 누수가 있는지 확인했습니다.	
☐ ช่างก่ออิฐ	ช่างก่ออิฐกำลังก่ออิฐเพื่อสร้างกำแพง ค่ะ	벽돌공
	벽돌공이 벽을 쌓기 위해 벽돌을 쌓고 있습니다.	

☐ ช่างไฟฟ้า	ช่างไฟฟ้า**ต้องใส่ถุงมือเพื่อความปลอดภัยครับ** 전기공은 안전을 위해 반드시 장갑을 착용해야 합니다.	전기공
☐ ช่างทาสี	ช่างทาสี**ควรใส่หน้ากากค่ะ** 페인트공은 마스크를 써야 합니다.	페인트공
☐ ช่างไม้	**พ่อของพระเยซูเคยเป็น**ช่างไม้**ครับ** 예수님의 아비지는 목수였습니다.	목공
☐ รถผสมปูน	**เมื่อวานมี**รถผสมปูน**ผ่านหน้าบ้านค่ะ** 어제 레미콘 차가 집 앞을 지나갔어요.	레미콘 차
☐ รถบดถนน	**เขาเป็นคนขับ**รถบดถนน**ครับ** 그 사람은 로드롤러 기사입니다.	로드롤러 (road-roller)
☐ รถตักดิน	รถตักดิน**เริ่มขุดดินแล้วค่ะ** 굴삭기가 땅을 파기 시작했습니다.	굴삭기
☐ ปั้นจั่น	ปั้นจั่น**แต่ละอันมีความสูงที่ต่างกันครับ** 크레인은 각각 높이가 서로 다릅니다.	기중기, 크레인
☐ เสาเข็ม	**กรรมกรเริ่มตอก**เสาเข็ม**อาคารหลังใหม่ค่ะ** 노동자들이 새 건물에 말뚝을 박기 시작했습니다.	(기초가 되는)말뚝, 기둥
☐ เหล็กเส้น	เหล็กเส้น**ขึ้นสนิมหมดแล้วครับ** 철근이 죄다 녹슬었습니다.	철근

| นั่งร้าน | มีคนตกจากนั่งร้านเมื่อวานค่ะ | 비계(건축 공사 때 높은 곳에 설치하는 임시 가설물) |
| | 어제 비계에서 낙마한 사람이 있습니다. | |

| เลื่อย | จะเอาเลื่อยไฟฟ้าหรือเลื่อยไม้ครับ? | 톱(질하다) |
| | 전기톱으로 하시겠어요 아니면 나무톱으로 하시겠어요? | |

| ขี้เลื่อย | กวาดขี้เลื่อยให้สะอาดด้วยค่ะ | 톱밥 |
| | 톱밥을 깨끗하게 쓸어주세요. | |

| คาน | คานรับน้ำหนักได้เพียง 20 กิโลกรัมเท่านั้น | 지레, 버팀목, 빔 (beam) |
| | 빔은 20킬로그램의 무게까지만 지탱할 수 있다. | |

| เทปพันสายไฟ | เทฟพันสายไฟหมดแล้วหรอคะ | 전선(감는) 테이프, 전기 테이프 |
| | 전기 테이프 다 떨어졌어요? | |

| ท่อน้ำ | ท่อน้ำที่ชั้นหนึ่งแตกบ่อยครับ | 수도관, 송수관 |
| | 1층의 수도관이 자주 터져요. | |

| ตะไบ | เอาตะไบมาลับมีดหน่อยค่ะ | 줄(로 깎다) |
| | 줄을 가져다 좀 갈아 주세요. | |

| สิ่ว | สิ่วใช้ทำอะไรได้บ้างครับ | 끌 |
| | 끌로 무엇을 할 수 있어요? | |

คำศัพท์	ประโยคตัวอย่าง	
☐ พลั่ว	**คนสวนอยากได้พลั่วอันใหม่ค่ะ** 정원사는 새 삽을 갖고 싶어합니다.	삽
☐ ตะปู	**ช่างไม้ตอกตะปูให้แน่นค่ะ** 목수가 못질을 단단하게 했어요.	못
☐ ตะปูควง	**ขันส่วนนี้ให้ติดกันโดยใช้ตะปูควงครับ** 나사못을 사용하여 이 부분을 꽉 조이세요. **TIP** ขัน 돌려 조이다	나사못
☐ ค้อน	**ค้อนคือเครื่องมือสำหรับตอกตะปูหรือทุบบนวัตถุอื่นค่ะ** 망치는 못을 박거나 다른 물체 위를 두드리는 도구입니다.	망치
☐ ปลั๊ก	**ไม่ควรเสียบปลั๊กคอมพิวเตอร์ร่วมกับเครื่องใช้ไฟฟ้าอื่น ๆ ครับ** 컴퓨터를 다른 전자제품과 함께 연결하면 안 됩니다. **TIP** เสียบ 꽂다, 찌르다	콘센트
☐ ลวด	**ช่างไฟฟ้าขมวดลวดเข้าด้วยกันก่อนบัดกรีค่ะ** 전기공은 납땜하기 전에 철사를 꼬아 묶었습니다. **TIP** ขมวด 꼬아서 묶다 บัดกรี 땜질(용접)하다	철사, 전선, 가죽끈

연습 문제

1 다음 그림에 해당하는 태국어를 올바르게 써 보세요.

① 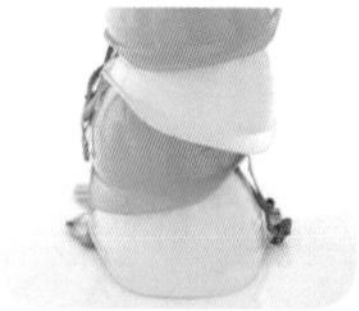

( )

② 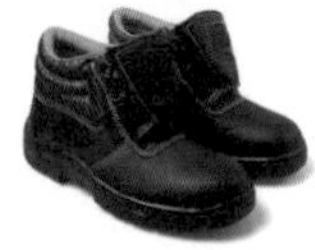

( )

③ 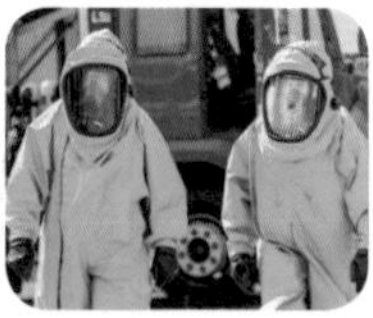

( )

④ 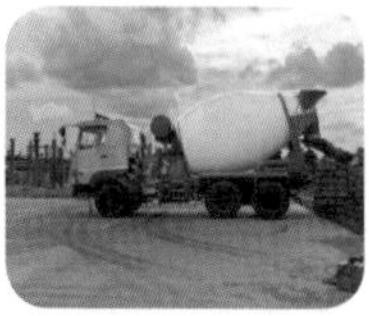

( )

⑤ 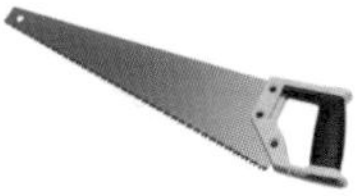

( )

⑥ 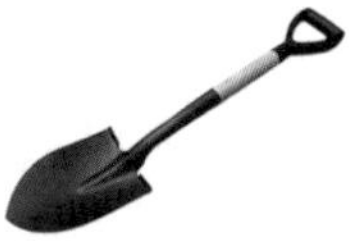

( )

2 괄호에 들어갈 알맞은 단어를 써 보세요.

① 누가 이 기계를 고칠 수 있는 사람 있나요?

ใครซ่อม( )อันนี้เป็นบ้างไหมคะ

② 페인트공은 마스크를 써야 합니다.

( )ควรใส่หน้ากากค่ะ

③ 철근이 죄다 녹슬었습니다.

( )ขึ้นสนิมหมดแล้วครับ

④ 1층의 수도관이 자주 터져요.

( )ที่ชั้นหนึ่งแตกบ่อยครับ

정답

1 ① หมวกนิรภัย ② รองเท้าบูทนิรภัย ③ เสื้อนิรภัย ④ รถผสมปูน ⑤ เลื่อย ⑥ พลั่ว

2 ① เครื่องจักร ② ช่างทาสี ③ เหล็กเส้น ④ ท่อน้ำ

쉬어가기 태국인도 자주 틀리는 태국어 단어

● 주어진 의미와 발음에 해당하는 올바른 태국어에 ○표시 한 다음 따라 써 보세요.

1

Graduate
- POINT -

의미 (대학교의)학점
발음 [누ᆖ워이낏]

หน่วยกิต	หน่วยกิจ
( )	( )

2

의미 근심(걱정)하다
발음 [후ᆖ웡야이]

ห่วงใย	ห่วงไย
( )	( )

3

의미 사건, 국면, 상황
발음 [헤ᆖㅅ까ᆖㄴ]

เหตุการณ์	เหตุการ
( )	( )

정답 **1** หน่วยกิต **2** ห่วงใย **3** เหตุการณ์

230

3 휴일과 국경일

วันหยุด	วันหยุดที่แล้วทำอะไรมาบ้างคะ 지난 휴일에 뭐 했어요?	휴일
วันหยุดยาว	วันหยุดยาวจะไปเยี่ยมพ่อแม่ที่ต่างจังหวัดครับ 연휴에 지방에 계시는 부모님을 찾아 뵐 거예요.	연휴
วันหยุดราชการ	วันหยุดราชการมีวันหยุดที่แตกต่างกันทุกปีค่ะ 해마다 공휴일은 쉬는 날이 다릅니다.	공휴일
วันขึ้นปีใหม่	วันขึ้นปีใหม่ไทยไม่เหมือนเกาหลีครับ 태국의 새해는(설날은) 한국과 다릅니다.	새해, 설날 (양력 1월 1일)
วันเด็ก	ฉันเคยไปเที่ยวสวนสนุกตอนวันเด็กค่ะ 저는 어린이날에 놀이공원에 놀러갔던 적이 있어요.	어린이날 (매년 1월 둘째주 토요일)
วันไหว้ครู	มีพิธีไหว้ครูขึ้นในวันพฤหัสบดีครับ 스승의 날 행사가 목요일에 있습니다.	스승의 날 (양력 1월 16일)
วันมาฆบูชา	วันมาฆบูชาเป็นวันสำคัญของพุทธศาสนิกชนค่ะ 만불절은 불교신도들에게 중요한 날입니다.	만불절(음력 3월 15일)
วันจักรี	วันจักรีตรงกับวันที่ 6 เมษายนของทุกปีครับ 짝끄리왕조 기념일은 매년 4월 6일입니다.	짝끄리 왕조 기념일 (양력 4월 6일)

☐ วันสงกรานต์	วันสงกรานต์**ถือเป็นวันปีใหม่ไทยค่ะ** 송끄란 데이는 태국의 새해로 여겨집니다.	태국식 설날(송끄란 데이)(양력 4월 13일 ~15일)
☐ วันแรงงาน	วันแรงงาน**ถูกกล่าวครั้งแรกในปี 1954 ครับ** 노동절은 1954년에 처음 언급되었습니다.	노동절(양력 5월 1일)
☐ วันวิสาขบูชา	วันวิสาขบูชา**เป็นวันสำคัญในระดับนานาชาติค่ะ** 석가탄신일은 국제적으로도 중요한 날입니다.	석가탄신일(음력 6월 15일)
☐ วันเข้าพรรษา	**รัฐบาลได้ประกาศให้**วันเข้าพรรษา**เป็น "วันงดดื่มสุราแห่งชาติ" ครับ** 정부는 하안거일을 '국가 금주의 날'로 선포했습니다.	하안거 일(승려의 입사일)(음력 8월 15~11월 15일)
☐ วันแม่(แห่งชาติ)	**ในประเทศไทยทางราชการจะมีการจัดงาน**วันแม่**อย่างยิ่งใหญ่ในทุก ๆ ปีค่ะ** 태국에서 정부당국은 어머니의 날을 매년 성대하게 개최합니다.	(국립)어머니 날(양력 8월 12일)
☐ วันปิยมหาราช	**วันที่ 23 ตุลาคมของทุกปีเป็น "วันปิยมหาราช"** 매년 10월 23일은 쭐라롱껀 대왕 기념일이다.	라마5세(쭐라롱껀 대왕) 기념일(양력 10월 23일)
☐ วันออกพรรษา	วันออกพรรษา**ถือเป็นวันสิ้นสุดการจำพรรษาค่ะ** 승려의 출가일은 안거일의 마지막 날로 간주됩니다.	승려의 출가일(음력 11월 15일)

วันลอยกระทง	ภาคกลางมีการจัดประเพณีลอยกระทงขึ้นทั่วทุกจังหวัดครับ 중부 지방은 전 지역에서 러이끄라통 풍습이 행해지고 있습니다.	러이끄라통(축제)(음력 12월 15일)
วันพ่อ(แห่งชาติ)	กิจกรรมวันพ่อแห่งชาติจัดติดต่อกันทุกปีตั้งแต่ พ.ศ. 2523 ค่ะ 아버지의 날 행사는 1980년부터 매년 연속적으로 열리고 있습니다.	(국립)아버지 날(양력 12월 5일)
วันรัฐธรรมนูญ	อนุสาวรีย์ประชาธิปไตยเป็นอีกสัญลักษณ์หนึ่งของวันรัฐธรรมนูญครับ 민주화 기념비는 제헌절의 또 다른 상징입니다.	제헌절(양력 12월 10일)

1 다음 그림에 해당하는 태국어를 올바르게 써 보세요.

① (   ) ② (   ) ③ (   )

④ (   ) ⑤ (   ) ⑥ (   )

2 괄호에 들어갈 알맞은 단어를 써 보세요.

① **연휴**에 지방에 계시는 부모님을 찾아 뵐 거예요.

(   )จะไปเยี่ยมพ่อแม่ที่ต่างจังหวัดครับ

② **짝끄리왕조 기념일**은 매년 4월 6일입니다.

(   )ตรงกับวันที่ 6 เมษายนของทุกปีครับ

③ 매년 10월 23일은 **쫄라롱껀 대왕 기념일**이에요.

วันที่ 23 ตุลาคมของทุกปีเป็น "(   )" ค่ะ

④ **아버지의 날** 행사는 1980년부터 매년 연속적으로 열리고 있습니다.

กิจกรรม(   )จัดติดต่อกันทุกปีตั้งแต่ พ.ศ. 2523 ค่ะ

● 주어진 의미와 발음에 해당하는 올바른 태국어에 ○표시 한 다음 따라 써 보세요.

1

의미 기도(기원)하다, 바라다

발음 [아팃탄]

อธิษฐาน	อธิฐาน
( )	( )

2

의미 허가(승락)하다

발음 [아누얏]

อนุญาต	อนุญาติ
( )	( )

3

의미 (공적으로)인가하다

발음 [아누맛]

อนุมัติ	อนุมัต
( )	( )

정답 **1** อธิษฐาน **2** อนุญาต **3** อนุมัติ

플렉스 대비

☐ **สื่อมวลชน**	**สื่อมวลชนต้องเสพข่าวให้ถูกต้องค่ะ** 언론은 뉴스를 올바르게 다뤄야 합니다.	대중매체, 언론
☐ **นิตยสาร**	**นิตยสารแฟชั่นวางอยู่บนโต๊ะครับ** 패션 잡지가 책상 위에 있습니다.	잡지, 정기 간행물
☐ **วารสาร**	**ฉันไม่ชอบอ่านวารสารเกี่ยวกับ การเมืองค่ะ** 저는 정치에 관한 잡지 읽는 것을 좋아하지 않아요.	정기 간행 물, 잡지
☐ **สื่อสาร**	**ไปต่างประเทศต้องใช้ภาษาอังกฤษ สื่อสารครับ** 외국에 나가려면 영어로 의사소통을 해야 합니다.	소통하다
☐ **หนังสือ**	**ร้านหนังสือมีหนังสือภาษาไทยหลาย ประเภทเพิ่มขึ้นเรื่อย ๆ ค่ะ** 서점에 다양한 종류의 태국어 책이 점점 늘어나고 있어요.	책
☐ **หนังสือพิมพ์**	**ทุกวันนี้หนังสือพิมพ์กระดาษกำลังลดลง เรื่อย ๆ ครับ** 요즘 종이 신문이 점점 줄어들고 있습니다.	신문
☐ **ภาพยนตร์**	**ภาพยนตร์สมัยก่อนสนุกกว่าสมัยนี้ค่ะ** 옛날 영화가 요즘 영화보다 더 재미있습니다.	영화
☐ **สารคดี**	**สารคดีเกี่ยวกับสัตว์ทะเลสนุกกว่าหนัง อีกครับ** 바다동물에 관한 다큐멘터리가 영화보다 더 재미있어요.	다큐멘터 리

☐ วิทยุ	ฉันไม่เคยเห็นวิทยุมาก่อนค่ะ 저는 라디오를 본 적이 없어요.	라디오
☐ กระจายเสียง	วิทยุเป็นสื่อกระจายเสียงครับ 라디오는 방송매체 입니다.	방송하다
☐ ออกอากาศ	พี่ชายเคยออกอากาศแบบไม่ได้ตั้งใจ ค่ะ 오빠는 본의 아니게 방송에 나온 적이 있습니다.	중계(방영) 하다
☐ โทรทัศน์	โทรทัศน์สมัยนี้ใหญ่เหมือนจอโรงหนัง ครับ 요즘 텔레비전은 영화관 스크린처럼 큽니다.	텔레비전
☐ ข่าว	การดูข่าวทำให้เราตามโลกทันค่ะ 저는 한국 사람입니다.	뉴스, 소식
☐ โทรคมนาคม	เครือข่ายโทรคมนาคมในไทยมีสาม เครือข่าย 태국의 통신망은 세 개의 통신망이 있다.	전기통신
☐ พาดหัวข่าว	ข่าวนี้ต้องพาดหัวข่าวแน่ค่ะ 분명 이 뉴스가 헤드라인을 장식할 거예요.	(뉴스에)제 목을 달다, 헤드라인
☐ วีดิทัศน์	คัดลอกวีดิทัศน์เป็นสิ่งผิดกฎหมายครับ 비디오 복제는 불법입니다.	비디오

□ การโฆษณา	อย่าเชื่อการโฆษณาทางสื่อสารมวลชนที่เกินความเป็นจริงค่ะ	광고
	지나치게 과장된 저널리즘(언론매체)의 광고를 믿지 마세요.	
□ การประชาสัมพันธ์	การประชาสัมพันธ์ล่วงหน้าสามารถแก้ปัญหาได้หลายอย่างครับ	홍보, 공보
	사전 홍보는 여러 문제를 해결할 수 있습니다.	
□ การเมือง	การเมืองเป็นเรื่องยุ่งยากค่ะ	정치
	정치는 어렵고 까다로운 일입니다.	
□ นักการเมือง	อินเทอร์เน็ตชอบขุดคุ้ยเรื่องส่วนตัวของนักการเมืองครับ	정치인, 정치가
	인터넷은 정치인의 사적인 일을 캐내는 것을 좋아합니다.	
□ พรรคการเมือง	ขอรายชื่อพรรคการเมืองหน่อยค่ะ	정당
	정당 명부 좀 주세요.	
□ นายกรัฐมนตรี	นายกรัฐมนตรีคนใหม่เป็นคนที่ไร้ที่ติครับ	수상, 국무총리
	새 국무총리는 흠 잡을 데 없는 사람입니다.	
□ ประธานาธิบดี	การเลือกตั้งประธานาธิบดีใกล้เข้ามาแล้วค่ะ	대통령, 총통
	대통령 선거가 코앞이에요.	

☐ ประมุข	**ประเทศไทยมีพระมหากษัตริย์เป็น**ประมุข 태국은 수장으로 왕이 있다.(군주제를 가지고 있다)	원수, 수뇌, 군왕
☐ รัฐบาล	**รัฐบาล**ปัจจุบันห่วยมากค่ะ 현 정부는 형편없습니다.	정부
☐ รัฐสภา	**ข้อเสนอนั้นได้รับการอนุมัติจากรัฐสภาครับ** 그 제안은 의회로부터 승인을 받았습니다.	의회, 국회
☐ สิทธิเลือกตั้ง	**ประชาชนทุกคนมีสิทธิเลือกตั้งค่ะ** 모든 국민은 투표권(선거권)이 있습니다.	투표권, 선거권
☐ ลงคะแนนเสียง	**ผมลงทะเบียนผู้มีสิทธิลงคะแนนเสียงแล้วครับ** 저는 유권자 등록을 했습니다.	투표하다, 표결하다
☐ ลงมติ	**ร่างพระราชบัญญัติลงมติผ่านเป็นเอกฉันท์ค่ะ** 법안이 만장일치로 통과되었습니다.	표결(의결)하다
☐ การปฏิวัติ	**ประเทศไทยเคยมีการปฏิวัติครับ** 태국은 혁명이 있었습니다.	혁명, 변혁, 개혁
☐ พรรคร่วมรัฐบาล	**ตัวแทนพรรคการเมืองถูกเขี่ยออกจากพรรคร่วมรัฐบาลค่ะ** 정당대표는 집권 여당에서 내팽개쳤습니다.	여당, 집권당

พรรคฝ่ายค้าน	พรรคฝ่ายค้าน**วิพากษ์วิจารณ์รัฐบาล อย่างรุนแรงครับ** 야당은 정부를 맹렬하게 비판했습니다.	야당, 반대당
กฎหมาย	**ทุกคนอยู่ภายใต้กฎหมายค่ะ** 모든 사람들은 법의 적용을 받습니다.	법, 법률, 법령
รัฐธรรมนูญ	**รัฐธรรมนูญถูกแก้ไขและเพิ่มเติมหลาย ครั้งครับ** 헌법은 여러 번 수정 보완되었습니다.	헌법
นโยบาย	**มันเป็นนโยบายที่ห่างไกลจากความเป็น จริง** 그것은 현실과 동떨어진 정책이다.	정책, 방침
สมาชิกสภาผู้แทนราษฎร	สมาชิกสภาผู้แทนราษฎร**ย่อเป็น ส.ส.ครับ** 국회의원은 줄임말로 [써.써.] 라고 합니다.	국회의원
ฝ่ายนิติบัญญัติ	**ฝ่ายนิติบัญญัติมีส่วนเกี่ยวข้องไหมคะ** 입법부가 관여되어 있나요?	입법부
ฝ่ายตุลาการ	**ฝ่ายตุลาการมีอำนาจในการดำเนินคดี ครับ** 사법부는 소송사건을 관할합니다.	사법부
ฝ่ายบริหาร	**ฝ่ายบริหารแจ้งให้ทราบว่าจะมี พนักงานใหม่** 경영진은 신입사원이 있을 거라고 알렸다.	행정부, 관리부

□ คอร์รัปชัน	**การคอร์รัปชันของรัฐบาลไม่ใช่เรื่อง ง่ายที่จะเปิดเผยครับ** 정부의 부패행각은 드러나기 쉬운 일이 아닙니다.	부패
□ การทุจริต	**การทุจริตของนักการเมืองทำให้ ประเทศล้มละลายได้ค่ะ** 정치인의 부정부패가 나라를 파탄낼 수 있습니다.	부정, 부 패, 부정행 위
□ การเดินขบวน ประท้วง	**ราคาหุ้นตกฮวบฮาบทำให้เกิดการเดิน ขบวนประท้วงครับ** 주가가 폭락해서 항의행렬이 이어졌습니다.	시위, 데모
□ รัฐประหาร	**ประเทศไทยมีรัฐประหารมากที่สุดใน โลกในประวัติศาสตร์ร่วมสมัยค่ะ** 태국은 현대사에서 세계에서 가장 많은 쿠데타를 일으 켰습니다.	쿠데타, 정변

1 다음 중 '텔레비전'에 해당하는 올바른 단어를 고르세요.

① โทรทัศส ② โทรศัพท์ ③ โทรทัษท์ ④ โทรทัศน์

2 다음 중 '대중매체'의 종류가 <u>아닌</u> 단어를 고르세요.

① นิตยสาร ② กฎหมาย ③ หนังสือพิมพ์ ④ การโฆษณา

3 다음 보기에서 알맞은 단어를 찾아 빈칸에 써 보세요.

> **보기**
>
> สิทธิเลือกตั้ง / ภาพยนตร์ / กฎหมาย / วิดิทัศน์ / การทุจริต / การเมือง

① _____สมัยก่อนสนุกกว่าสมัยนี้ค่ะ

옛날 영화가 요즘 영화보다 더 재미있습니다.

② คัดลอก_____เป็นสิ่งผิดกฎหมายครับ 비디오 복제는 불법입니다.

③ _____เป็นเรื่องยุ่งยากค่ะ 정치는 어렵고 까다로운 일입니다.

④ ประชาชนทุกคนมี_____ค่ะ 모든 국민은 투표권(선거권)이 있습니다.

⑤ ทุกคนอยู่ภายใต้_____ค่ะ 모든 사람들은 법의 적용을 받습니다.

⑥ _____ของนักการเมืองทำให้ประเทศล้มละลายได้ค่ะ

정치인의 부정부패가 나라를 파탄낼 수 있습니다.

---

1 ④　**2** ②
3 ① ภาพยนตร์　② วิดิทัศน์　③ การเมือง　④ สิทธิเลือกตั้ง　⑤ กฎหมาย　⑥ การทุจริต

● 주어진 의미와 발음에 해당하는 올바른 태국어에 ○표시 한 다음 따라 써 보세요.

1

| 의미 | 기념비 |
| 발음 | [아눘싸-와리-] |

| อนุเสาวรีย์ | อนุสาวรีย์ |
| ( ) | ( ) |

2

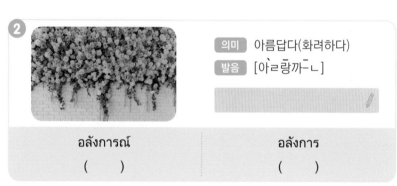

| 의미 | 아름답다(화려하다) |
| 발음 | [아랑까-ㄴ] |

| อลังการณ์ | อลังการ |
| ( ) | ( ) |

3

| 의미 | (화학)산소(oxygen) |
| 발음 | [억씨쩬] |

| ออกซิเจน | อ๊อกซิเจน |
| ( ) | ( ) |

정답 **1** อนุสาวรีย์   **2** อลังการ   **3** ออกซิเจน

□ เศรษฐกิจ	เศรษฐกิจย่ำแย่มาหลายปีแล้วค่ะ 경제가 몇 년 째 곤두박질 치고 있습니다.	경제

□ ตลาด	ตลาดในไทยมีความต้องการซื้อของ เกาหลีมากครับ 태국의 시장은 한국 물건의 수요가 많습니다.	시장

□ การตลาด	องค์ประกอบด้านการตลาดได้กลายเป็น สิ่งสำคัญในปัจจุบันค่ะ 현재는 마케팅적인 요소가 중요해지고 있습니다.	마케팅

□ อุปสงค์	รัฐบาลได้ประเมินภาวะเศรษฐกิจใหม่ เนื่องจากการลดลงของอุปสงค์ครับ 정부는 수요 감소로 인한 경제 상황을 재평가했습니다.	수요, 요구

□ อุปทาน	เศรษฐกิจตลาดต้องปฏิบัติตามกฎหมาย ของอุปทานและอุปสงค์ค่ะ 시장 경제는 공급과 수요의 법칙을 따라야 합니다.	공급, 제공

□ ผลิตภัณฑ์	ผลิตภัณฑ์ของแบรนด์เราดีกว่าแบรนด์ อื่น ๆ ครับ 우리 브랜드의 제품이 다른 브랜드보다 우수합니다.	제품, 생산 품

□ ผลิตภัณฑ์ มวลรวม ประชาชาติ	ผลิตภัณฑ์มวลรวมประชาชาติเพิ่มขึ้น ทุกปีค่ะ 국민 총생산은 매년 증가하고 있습니다.	국민총생 산(GNP)

□ อัตราดอกเบี้ย	อัตราดอกเบี้ยสูงทำให้มีคนฝากเงินเพิ่ม ขึ้นครับ 금리가(이자율이) 높아서 예금하는 사람들이 늘어났습 니다.	이자율, 금 리

เงินเฟ้อ	รัฐบาลประกาศมาตรการต่อต้านภาวะเงินเฟ้อค่ะ 정부는 인플레이션을 막기 위한 대책을 발표했어요.	통화팽창 (인플레이션)
เงินฝืด	มีแผนการเพื่อเตรียมพร้อมสำหรับภาวะเงินฝืดไว้แล้วครับ 디플레이션에 대비하기 위한 계획이 이미 세워져 있습니다.	통화수축 (디플레이션)
ระบบทุนนิยม	ระบบทุนนิยมเอกชนควบคุมการค้าครับ 민간 자본주의가 무역을 통제하고 있습니다.	자본주의 제도(체제)
การนำเข้า	ผลิตภัณฑ์นี้เป็นผลิตภัณฑ์นำเข้าโดยตรงค่ะ 이 제품은 직수입한 제품입니다.	수입
การส่งออก	ประเทศไทยผลิตข้าวเพียงพอที่จะส่งออกในแต่ละปีครับ 태국은 해마다 수출하기에 충분한 쌀을 생산합니다.	수출
โควตา	โรงเรียนเราได้รับโควตามหาลัยดังสองตำแหน่งค่ะ 우리 학교는 두 개의 유명 대학교의 정원을 배정받았습니다.	약정(할당)액, 몫(quota)
การขาดดุล	ดุลการชำระเงินระหว่างประเทศขาดดุลครับ 국제(무역)수지가 적자로 돌아섰습니다.	적자

□ การเกินดุล	ดุลบัญชีเดินสะพัดเกินดุลในไตรมาสนี้ครับ	흑자
	경상수지가 이번 분기에 흑자를 냈습니다.	
□ ภาษีมูลค่าเพิ่ม	สินค้านี้ไม่รวมภาษีมูลค่าเพิ่มค่ะ	부가가치세
	이 상품에 부가가치세는 포함되지 않습니다.	
□ เงินอุดหนุน	เงินอุดหนุนทางการเงินเป็นสิ่งจำเป็นครับ	보조(장려)금
	재정 보조금은 반드시 필요합니다.	
□ งบประมาณ	ปีนี้บริษัทเราเหลืองบประมาณเท่าไหร่คะ	예산(규모)
	올해 우리 회사 예산이 얼마나 남았습니까?	
□ อุตสาหกรรม	เราอยู่ในยุคอุตการปฏิวัติอุตสาหกรรมครั้งที่สี่ครับ	산업, 실업, 공업
	우리는 4차 산업혁명 시대에 살고 있습니다.	
□ ผูกขาด	การตลาดแบบผูกขาดมีทั้งข้อดีและข้อเสียค่ะ	독점(매점, 독식)하다
	독과점 마케팅은 장단점이 모두 있습니다.	
□ ผลผลิต	ผลผลิตข้าวโพดลดลง 15 เปอร์เซ็นต์ในปีนี้ครับ	생산품, 생산물
	올해 옥수수 생산량이 15 퍼센트 감소했습니다.	
□ สิ่งแวดล้อม	ความสำคัญของการปกป้องสิ่งแวดล้อมเพิ่มขึ้นทุกวันค่ะ	환경, 주변환경
	환경 보호의 중요성이 날로 커지고 있습니다.	

☐ ธรรมชาติ	ธรรมชาติให้ความอุดมสมบูรณ์แก่เรา ทุกคนครับ 자연은 우리 모두에게 풍요로움을 제공합니다.	자연, 천연
☐ โลก	สภาพภูมิอากาศที่ผิดปกติกำลังเกิดขึ้น ทั่วโลกครับ 전 세계적으로 이상 기후가 발생하는 중입니다.	지구, 세계
☐ มรดกโลก	เมืองประวัติศาสตร์สุโขทัยเป็นมรดก โลกในประเทศไทยค่ะ 수코타이 역사도시는 태국의 세계유산입니다.	세계유산
☐ ดาวตก	ดาวตกคืออุกกาบาตที่ปรากฏขึ้นใน ท้องฟ้ายามค่ำคืนครับ 유성은 밤하늘에 나타나는 운석입니다.	운석, 유성, 별똥별
☐ สะเก็ดดาว	สะเก็ดดาวคือเศษวัตถุขนาดเล็กใน ระบบสุริยะค่ะ 운석 조각은 태양계의 작은 잔해물입니다.	운석(파편)
☐ ภูเขา	เส้นผมบังภูเขา 머리카락이 산을 가린다.(태국속담 : 등잔 밑이 어둡다)	산
☐ ทะเล	ตอนเด็กบ้านฉันอยู่ติดกับทะเลค่ะ 어렸을 때 우리 집은 바다 옆에 있었어요.	바다, 해양
☐ ทะเลสาบ	เราไปเดินเล่นริมทะเลสาบด้วยกันครับ 우리는 함께 호숫가를 산책했습니다.	호수
☐ ถ้ำ	เคยมีข่าวเด็ก ๆ 13 คนติดถ้ำเมื่อก่อนค่ะ 예전에 13명의 아이들이 동굴에 갇혔다는 뉴스가 있었어요.	동굴, 석굴, 굴

☐ แม่น้ำ	**แม่น้ำเจ้าพระยาเกิดจากการรวมตัวของ แม่น้ำสาขาหลัก 2 สายครับ** 짜오프라야 강은 두 개의 주요 지류의 합류로 형성되었습니다.	강, 하천
☐ คลอง	**ประเทศไทยมีคลองเทียมและคลอง ธรรมชาติค่ะ** 태국에는 인공운하와 자연운하가 있습니다.	운하, 수로
☐ น้ำตก	**อยากจะไปนอนแช่น้ำตกเย็น ๆ ครับ** 시원한 폭포에 가서 몸을 담그고 싶습니다.	폭포
☐ เกาะ	**คุณเคยไปเที่ยวเกาะช้างไหมคะ** 코끼리 섬에 여행 가본 적 있어요?	섬, 매달리다
☐ มหาสมุทร	**มหาสมุทรยังเป็นส่วนที่มนุษย์ยังต้อง ศึกษาครับ** 해양은 여전히 인간이 연구해야 하는 부분입니다.	대양, 해양
☐ ทวีป	**อังกฤษอยู่ในทวีปยุโรปค่ะ** 영국은 유럽대륙에 있습니다.	대륙, 주
☐ ที่ราบสูง	**กระต่ายชอบอาศัยอยู่ที่ราบสูงครับ** 토끼는 고원지대에 사는 것을 좋아합니다.	고원, 고랭지, 고지대
☐ ที่ราบลุ่ม	**ในบริเวณที่ราบลุ่มประสบปัญหาน้ำ ท่วมบ่อยค่ะ** 저지대 인근에서는 홍수가 자주 발생합니다.	저지대, 분지

☐ ทรัพยากร	ทรัพยากรธรรมชาติขาดแคลนมากทั่วโลกครับ 천연자원이 세계적으로 턱없이 부족합니다.	자원
☐ เรือนกระจก	ปัญหามลพิษทางอากาศทำให้เกิดสภาวะเรือนกระจกค่ะ 대기오염 문제는 온실효과를 불러일으킵니다.	온실가스
☐ นิมบี้	คำว่านิมบี้แปลตรงๆได้ว่า "ไม่ใช่ในสวนหลังบ้านของฉัน" ครับ 님비라는 단어는 '내 뒷마당에는 안 된다'라고 직역 할 수 있다.	님비 (NIMBY)
☐ เกษตรอินทรีย์	อาหารเกษตรอินทรีย์กำลังเพิ่มขึ้นในมาร์ทขนาดใหญ่ค่ะ 대형마트에 유기농 식품이 증가하고 있는 중입니다.	유기농
☐ แรมซาร์ไซต์	ในคู่มืออนุสัญญาแรมซาร์ได้แบ่งประเภทของพื้นที่ชุ่มน้ำเป็น 5 ประเภทครับ 램사르 협약 매뉴얼에서는 습지의 유형을 5가지로 분류합니다.	램사르 사이트(습지)
☐ นาโนเทคโนโลยี	ประโยชน์ของนาโนเทคโนโลยีเป็นความหวังที่จะฝ่าวิกฤตปัจจุบันค่ะ 나노기술의 혜택은 현재의 위기를 돌파할 수 있는 희망입니다.	나노기술
☐ สัตว์	ช้างเป็นสัตว์ที่เป็นสัญลักษณ์ของประเทศไทยมานานแล้วครับ 코끼리는 오래전부터 태국을 상징하는 동물이었습니다.	동물, 생물

| หมา | **หมาบ้านนี้ดุมากค่ะ** | 개, 강아지 |
| | 이 집 개는 매우 사납습니다. | |

| แมว | **บ้านเราเลี้ยงแมวสองตัวครับ** | 고양이 |
| | 우리 집은 고양이 두 마리를 기릅니다. | |

| ช้าง | **ช้างตัวใหญ่กว่าบ้านเราอีกค่ะ** | 코끼리 |
| | 코끼리가 우리 집보다 더 큽니다. | |

| ควาย | **ควายไม่ใช่สัตว์ที่โง่ครับ** | 물소 |
| | 물소는 우둔한 동물이 아닙니다. | |

| ลิง | **ลิงมีหางยาวค่ะ** | 원숭이 |
| | 원숭이는 긴 꼬리를 가지고 있습니다. | |

| วัว | **วัวกำลังกินหญ้าอยู่ในทุ่งหญ้าครับ** | 소 |
| | 소가 초원에서 풀을 뜯고 있습니다. | |

| กระต่าย | **กระต่ายเป็นสัตว์ที่ชอบกินหัวผักกาดค่ะ** | 토끼 |
| | 토끼는 무를 먹는 것을 좋아하는 동물입니다. | |

| เป็ด | **เท้าของเป็ดมีพังผืดครับ** | 오리 |
| | 오리의 발에는 물갈퀴가 있습니다. | |

| กวาง | **นายพรานล่ากวางได้หลายตัวค่ะ** | 사슴 |
| | 사냥꾼은 사슴 여러 마리를 사냥했습니다. | |

| แกะ | ขนแกะน่ารักเหมือนตุ๊กตาเลยครับ
양털은 마치 인형처럼 귀엽습니다. | 양 |

| แพะ | แพะมีดวงตาไม่เหมือนใครค่ะ
염소는 독특한 눈을 가지고 있습니다. | 염소 |

| ม้า | ม้าตัวนี้แพงกว่ารถอีกครับ
이 말은 자동차보다 더 비쌉니다. | 말 |

| เสือ | เสือกับสิงโตสู้กันแล้วใครจะชนะคะ
호랑이하고 사자가 싸우면 누가 이길까요? | 호랑이 |

| สิงโต | สิงโตเป็นราชาของสัตว์ทั้งหลายครับ
사자는 모든 동물의 왕입니다. | 사자 |

| หมู | เล่าเรื่องหมูน้อย 3 ตัวให้ฟังหน่อยค่ะ
아기돼지 3형제 이야기 좀 들려 주세요. | 돼지 |

| หนู | หนูวิ่งหนีแมวอย่างรวดเร็วครับ
쥐가 고양이에게서 재빠르게 도망쳤습니다. | 쥐, 저(어린이의 1인칭 대명사) |

| หมี | หมีดูเหมือนน่ารักแต่น่ากลัวค่ะ
곰은 귀여워 보이지만 무섭습니다. | 곰 |

| จิ้งจก | จิ้งจกตัดหางตัวเองได้ครับ
도마뱀은 자신의 꼬리를 자를 수 있습니다. | 집도마뱀 |

ตุ๊กแก	**ตุ๊กแกเกาะนิ่งอยู่ข้างประตูบ้านค่ะ** 큰집도마뱀이 집 문 옆에 들러붙어 앉아 있어요.	큰집도 마뱀 (Gekko)
จระเข้	**จระเข้เป็นสัตว์ที่อยู่บนโลกมานานมาก ครับ** 악어는 지구상에서 아주 오랫동안 존재해 온 동물입니 다.	악어
ปลา	**ปลาตัวนี้ดูสดใหม่มากค่ะ** 이 생선이 매우 신선해 보입니다.	물고기, 생 선
ปู	**มีใครแพ้ปูไหมครับ** 게 알레르기 있는 사람 있어요?	게, (이불 등을)깔다, 펴다
กุ้ง	**ในบรรดาอาหารทะเล ฉันชอบกุ้งที่สุด ค่ะ** 해산물 중에서 저는 새우를 제일 좋아합니다.	새우
เต่า	**เต่าเป็นสัตว์ที่มีกระดองครับ** 거북이는 등껍질이 있는 동물입니다.	거북이
ฉลาม	**มีฉลามวาฬว่ายขึ้นมาโชว์ตัวใกล้ ๆ กับ เรือค่ะ** 고래상어가 헤엄쳐 올라와 배 가까이 몸을 내밀었습니 다.	상어
หอย	**ถ้าได้มาที่อินชอนลองกินหอยย่างดูนะ ครับ** 인천에 오게 되면 조개구이를 드셔보세요.	조개, 굴

□ นก	นกแก้วเลียนแบบคำพูดของฉันค่ะ 앵무새가 제 말을 흉내냈어요.	새
□ แมลงวัน	ฝูงแมลงวันตอมอาหารอีกแล้วครับ 파리떼가 또 음식에 꾀어들었습니다.	파리
□ ยุง	ยุงกัดทั้งคืนจนนอนไม่หลับเลยค่ะ 모기가 밤새 물어 대서 잠을 한 숨도 못 잤어요.	모기
□ อูฐ	ลักษณะพิเศษของอูฐคือสมรรถภาพทนทาน ในทะเลทรายค่ะ 낙타의 독특한 특징은 바로 사막에서 버틸 수 있는 능력(지구력)입니다. **TIP** สมรรถภาพ 능력, 재능, 성능	낙타
□ หมาจิ้งจอก	เขาเป็นคนที่ฉลาดแกมโกงเหมือนหมาจิ้งจอกครับ 그는 여우처럼 교활한 사람입니다.	여우
□ ค้างคาว	ค้างคาวหูยาวเป็นสัตว์พื้นเมืองของประเทศเราค่ะ 긴 귀 박쥐는 우리 나라의 토착 동물입니다.	박쥐
□ นกเพนกวิน	ลูกสาวชอบนกเพนกวินมาก เลยซื้อดีวีดีสารคดีมาให้ดูครับ 딸이 펭귄을 너무 좋아해서 다큐멘터리 DVD를 사 와서 보여줬어요.	펭귄
□ นกกระจอกเทศ	ได้ยินว่านกกระจอกเทศวิ่งได้เร็วถึง 50 ไมล์ต่อชั่วโมงค่ะ 타조는 시속 50마일까지 빨리 달릴 수 있다고 들었습니다.	타조

1 다음 그림에 해당하는 동물을 태국어로 써 보세요.

① (   ) ② (   ) ③ (   ) ④ (   )

⑤ (   ) ⑥ (   ) ⑦ (   ) ⑧ (   )

2 다음 보기에서 알맞은 단어를 찾아 빈칸에 써 보세요.

보기

ภาษีมูลค่าเพิ่ม / เกาะ / ทวีป / เศรษฐกิจ / น้ำตก

① _____ย่ำแย่มาหลายปีแล้วค่ะ 경제가 몇 년 째 곤두박질 치고 있습니다.

② สินค้านี้ไม่รวม_____ค่ะ 이 상품에 부가가치세는 포함되지 않습니다.

③ อยากจะไปนอนแช่_____เย็นๆครับ

시원한 폭포에 가서 몸을 담그고 싶습니다.

④ คุณเคยไปเที่ยว_____ช้างไหมคะ 코끼리 섬에 여행 가본 적 있어요?

⑤ อังกฤษอยู่ใน_____ยุโรปค่ะ 영국은 유럽대륙에 있습니다.

정답

1 ① หมา ② แมว ③ ช้าง ④ ลิง ⑤ ม้า ⑥ เสือ ⑦ ปู ⑧ กุ้ง
2 ① เศรษฐกิจ ② ภาษีมูลค่าเพิ่ม ③ น้ำตก ④ เกาะ ⑤ ทวีป

● 주어진 의미와 발음에 해당하는 올바른 태국어에 ○표시 한 다음 따라 써 보세요.

1

의미 자유

발음 [이싸라파ㅂ]

อิสรภาพ

(   )

อิสระภาพ

(   )

2

의미 풍부하다

발음 [우돔쏨부ㄴ]

อุดมสมบูรญ์

(   )

อุดมสมบูรณ์

(   )

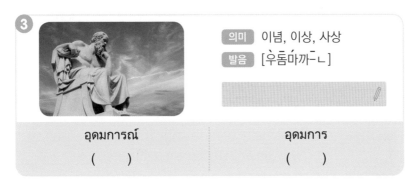

3

의미 이념, 이상, 사상

발음 [우돔마까ㄴ]

อุดมการณ์

(   )

อุดมการ

(   )

정답 **1** อิสรภาพ **2** อุดมสมบูรณ์ **3** อุดมการณ์

3 스포츠와 음악

☐ กีฬา	**ทีมกีฬาเหล่านี้เป็นทีมชาติครับ** 이 스포츠 팀들은 국가대표 팀들입니다.	스포츠, 운동
☐ นักกีฬา	**นักกีฬาทีมชาติกลับประเทศวันนี้ค่ะ** 국가대표 팀 선수들이 오늘 귀국했습니다.	운동선수
☐ รางวัล	**เขากวาดรางวัลในการแข่งขันระดับ นานาชาติครับ** 그는 국제 대회에서 상을 휩쓸었습니다.	상(을 주 다), 보상 (하다), 상
☐ ชนะ	**วันนี้ต้องชนะเท่านั้นค่ะ** 오늘은 승리 뿐입니다.(승리해야 합니다)	이기다, 승리하다
☐ แพ้	**บางครั้งเราอาจจะแพ้ก็ได้ครับ** 우리는 가끔 질 때도 있습니다.	지다, 패하 다, ~알레 르기가 있 다
☐ ชนะเลิศ	**รางวัลชนะเลิศจะเป็นของใคร** 우승 상품(상금)은 누구의 것이 될 것인가?	우승하다
☐ แบดมินตัน	**นักกีฬาแบดมินตันเกาหลีหล่อมากครับ** 한국 배드민턴 선수들은 엄청 잘 생겼습니다.	배드민턴
☐ ฟุตบอล	**เขาเป็นนักฟุตบอลเล่นให้กับสโมสร ฟุตบอลทอตนัมฮอตสเปอร์ในพรีเมียร์ ลีกค่ะ** 그는 프리미어 리그 토트넘 핫스퍼 축구 클럽에서 뛰고 있는 축구선수입니다.	축구

☐ เบสบอล	ที่ประเทศไทยมีสนามเบสบอลไหมครับ 태국에는 야구장이 있나요?	야구
☐ แฮนด์บอล	ชาวต่างชาติถูกคัดเลือกให้เป็นผู้จัดการ ทีมแฮนด์บอลค่ะ 핸드볼 팀 감독으로 외국인이 선임되었습니다.	핸드볼
☐ วอลเลย์บอล	ประเทศไทยได้เหรียญทองจาก วอลเลย์บอลหญิงค่ะ 태국은 여자배구에서 금메달을 땄습니다.	배구
☐ ปิงปอง	ผมเคยเป็นนักปิงปองตอนผมยังเด็กครับ 저는 어렸을 때 탁구 선수였습니다.	탁구
☐ เทนนิส	สนามเทนนิสอยู่ไกลเกินครับ 테니스 코트가 너무 멀어요.	테니스
☐ บาสเกตบอล	นักบาสเกตบอลคนนี้สูงมากกว่า 2 เมตร ค่ะ 이 농구 선수는 키가 2미터가 넘습니다.	농구
☐ กรีฑา	เขาเป็นแชมป์โลกในการแข่งขันกรีฑา ครับ 그는 세계 육상 대회 챔피언입니다.	육상경기, 체육
☐ แอโรบิก	แถวบ้านมีคนเต้นแอโรบิกทุกตอนเย็น ค่ะ 집 근처에는 매일 저녁 에어로빅을 추는 사람들이 있어 요.	에어로빅

โบว์ลิ่ง	ไปโยนโบว์ลิ่งกันไหมครับ 볼링 치러 가실래요?	볼링
ฮอกกี้น้ำแข็ง	แคนาดามีชื่อเสียงในฮอกกี้น้ำแข็งค่ะ 캐나다는 아이스하키로 유명합니다.	아이스하키
มวย	มวยไทยเป็นกีฬาแบบดั้งเดิมของไทยครับ 무에타이는 태국의 전통적인 스포츠입니다.	권투
มวยปล้ำ	มวยปล้ำเป็นกีฬาที่ใช้พละกำลังมากค่ะ 레슬링은 체력 소모가 많은 스포츠입니다.	레슬링
ยกน้ำหนัก	นักยกน้ำหนักสร้างสถิติโลกใหม่ครับ 역도 선수가 세계 신기록을 세웠습니다.	역도
สกี	ที่ประเทศไทยไม่สามารถเล่นสกีได้ค่ะ 태국에서는 스키를 탈 수 없습니다.	스키
ยิงธนู	ยิงธนูเกาหลีได้รับเหรียญทองมาหลายปีแล้วครับ 한국 양궁이 수 년 째 금메달을 따고 있습니다.	양궁
ยิงปืน	การยิงปืนเป็นกีฬาที่ต้องใช้สมาธิมากค่ะ 사격은 집중력이 많이 필요한 스포츠입니다.	사격
กอล์ฟ	พ่อบังคับให้เล่นกอล์ฟตั้งแต่เด็กครับ 아빠는 어릴 때부터 골프를 강요했습니다.	골프

☐ ไม้กอล์ฟ	**ไม้กอล์ฟนี้ยี่ห้ออะไรคะ** 이 골프채는 무슨 브랜드예요?	골프채
☐ ธง	**เห็นธงสีขาวตรงโน้นไหมครับ** 저기 하얀 깃발 보이세요?	깃발
☐ หลุม	**ทำไมขนาดของหลุมกอล์ฟถึง 4.25 นิ้ว** **ในเส้นผ่านศูนย์กลางคะ** 골프 홀의 직경은 왜 4.25인치예요?	구멍, 홀
☐ ตามลม	**หลุมนี้ตีเบา ๆ ก็ได้ เพราะเราตีตามลม** **ครับ** 이번 홀은 바람을 따라 치면 되니까 살살 치셔도 됩니 다.	바람을 따 르다, 바람 부는 대로
☐ ทวนลม	**หลุมนี้ต้องพัตต์ทวนลมค่ะ** 이 홀은 바람을 거슬러 퍼팅해야 합니다.	바람을 거 스르다
☐ การจรดลูก	**การจรดลูกวิธีง่าย ๆ และมีหลักการ** **ทรงตัวดีคือ ยืนยึดตัวตรงครับ** 쉽고 균형 잡힌 어드레스 방법은 바로 몸을 똑바로 서 는 것입니다.	(골프)어드 레스
☐ สวิง	**สวิงเธอสมบูรณ์แบบมากค่ะ** 그녀의 스윙은 아주 완벽합니다.	(골프)스윙
☐ พาร์	**หุย พาร์อีกแล้ว เก่งจังครับ** 이런! 또 파를 치셨어요. 정말 잘 하십니다.	(골프)파

☐ เบอร์ดี้	เขาปิดเกมด้วยการทำ 4 อันเดอร์พาร์ 68จากผลงาน 4 เบอร์ดี้ไม่เสียโบกี้ค่ะ 그는 보기 없이 버디 4개로 4언더파 68타로 게임을 끝냈습니다.	(골프)버디
☐ อีเกิ้ล	เธอปิดฉากด้วยอีเกิ้ลในหลุมสุดท้ายคว้าแชมป์ครับ 그녀는 마지막 홀에서 이글을 장식하며 우승을 차지했습니다.	(골프)이글
☐ โฮลอินวัน	อยากโฮลอินวันสักครั้งในชีวิตค่ะ 살면서 홀인원 한 번쯤 해보고 싶어요.	(골프)홀인원
☐ โบกี้	หลุมนี้ขอโบกี้ก็พอครับ 이번 홀은 보기도 괜찮아요.	(골프)보기
☐ ดับเบิ้ลโบกี้	เขาตีดับเบิ้ลโบกี้มาสามหลุมแล้วนะคะ 그는 더블보기를 3홀 째 치고 있어요.	(골프)더블보기
☐ ดนตรี	ตอนเด็กผมไม่ชอบเรียนวิชาดนตรีครับ 저는 어렸을 때 음악과목 공부를 싫어했어요.	음악
☐ เครื่องดนตรี	ร้านเครื่องดนตรีที่นี่ขายถูกมากค่ะ 여기 악기점은 아주 싸게 팝니다.	악기
☐ นักดนตรี	พ่อเคยเป็นนักดนตรีตอนวัยหนุ่มครับ 아빠는 젊었을 때 음악가였습니다.	음악가

☐ ไมโครโฟน	ไมโครโฟนสำรองต้องมีอย่างน้อยสอง อันครับ 보조 마이크는 최소 두 개 이상 있어야 합니다.	마이크
☐ ลำโพง	คอนเสิร์ตครั้งนี้จะใช้ลำโพงหกตัวค่ะ 이번 콘서트는 6개의 스피커를 사용할 거에요.	스피커
☐ ประสานเสียง	ร้องประสานเสียงไม่ค่อยสอดคล้องจอง กันเลยครับ 합창이 그다지 조화를 이루는 것 같지 않습니다.	합창(합주, 협연)하다
☐ เนื้อเพลง	เนื้อเพลงเศร้าทำฉันร้องไห้เลยค่ะ 슬픈 가사는 저를 울게 만듭니다.	가사
☐ ทำนองเพลง	ลองฟังทำนองเพลงเพลงนี้ดูสิครับ 이 노래 멜로디 한 번 들어보세요.	멜로디, 선율
☐ ตัวโน้ต	ตัวโน้ตตัวเล็กไปไหมค่ะ มองไม่เห็นเลย 음표가 너무 작아서 전혀 보이지 않아요.	(악보의)음표
☐ จังหวะ	โดยทั่วไปในทางดนตรีสามารถจำแนก อัตราจังหวะได้ 2 ประเภทครับ 음악에서는 일반적으로 리듬을 두 가지로 분류할 수 있습니다.	리듬, 박자, 때(기회)
☐ วงดนตรี	วงดนตรีโรงเรียนเราไปเล่นที่โรงเรียน อื่นค่ะ 우리 학교의 음악밴드는 다른 학교에 연주하러 갔습니다.	밴드, 악단, 앙상블

Thai	Example	Korean
ร้องเพลง	**ทุกคนก็อยากร้องเพลงเพราะครับ** 모든 사람들은 노래를 잘 부르고 싶어합니다.	노래를 부르다
ร้องเดี่ยว	**บี้เป็นนักร้องเดี่ยวชื่อดังค่ะ** 비는 유명한 솔로 가수입니다.	솔로로(독창으로) 부르다
ร้องคู่	**เพลงนี้ร้องคู่แล้วเพราะกว่านะครับ** 이 노래는 듀엣으로 불러야 더 좋을 것 같아요.	듀엣으로 부르다
ผู้ประพันธ์	**ใครเป็นผู้ประพันธ์กลอนบทนี้คะ** 이 시를 지은이는 누구예요?	작가, 지은이, 저작자
ดีเจ	**ดีเจคนนั้นได้รับจดหมายขอโทษจากสายการบินครับ** 그 디제이는 항공사로부터 사과 편지를 받았습니다.	디제이 (DJ)
เต้น	**ฟังข่าวนั้นแล้วหัวใจเต้นตึ้กตั้กค่ะ** 그 소식을 접하고 심장이 쿵쾅쿵쾅거렸습니다.	춤추다, 뛰다
เวที	**ขึ้นบนเวทีแล้วตื่นเต้นตลอดเลยครับ** 무대 위에 서게 되면 항상 긴장됩니다.(떨립니다)	무대, 제단
โอเปร่า	**เคยดูเรื่องปีศาจแห่งโรงละครโอเปร่าไหมคะ** 오페라의 유령 본 적 있어요?	오페라
คอนเสิร์ต	**คอนเสิร์ตวันนี้สนุกมากเลยครับ** 오늘 콘서트 너무 재미있었어요.	콘서트, 음악회, 공연

โน้ตเพลง	คุณควรจะอ่านโน้ตเพลงก่อนที่จะร้องเพลงค่ะ 당신은 노래를 부르기 전에 악보를 먼저 읽어야 합니다.	악보
กลอง	มือกลองคนนั้นตีกลองตั้งแต่อายุสามขวบครับ 그 드러머는 세 살때부터 드럼을 쳤습니다.	드럼, 북
เชลโล	นักเล่นเชลโลคนนี้เป็นนักเล่นเชลโลที่มีชื่อเสียงระดับโลกค่ะ 이 첼로 연주자는 세계적인 첼로 연주자 입니다.	첼로
วาทยกร	วาทยกรมีหน้าที่ดึงความสัมพันธ์ของเครื่องดนตรีแต่ละชิ้นออกมาครับ 지휘자는 각각의 악기들의 관계를 끌어내는 역할을 합니다.	(오케스트라의)지휘자
ระนาด	ระนาดเป็นเครื่องดนตรีไทยชนิดหนึ่งจัดเป็นเครื่องดนตรีชนิดเครื่องตีครับ 라낫은 타악기로 분류되는 태국 악기의 일종입니다.	라낫(실로폰과 비슷한 태국의 악기)

1 다음 그림에 해당하는 운동을 태국어로 써 보세요.

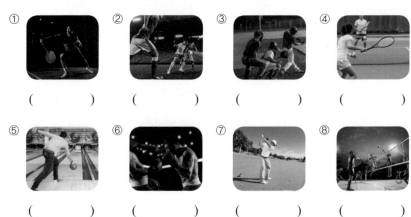

① ( ) ② ( ) ③ ( ) ④ ( )

⑤ ( ) ⑥ ( ) ⑦ ( ) ⑧ ( )

2 다음 보기에서 알맞은 단어를 찾아 빈칸에 써 보세요.

> **보기**
>
> นักดนตรี / กีฬา / ไม้กอล์ฟ / เวที / แพ้ / ร้องเพลง

① ทีม_____เหล่านี้เป็นทีมชาติครับ 이 스포츠 팀들은 국가대표 팀들입니다.

② บางครั้งเราอาจจะ_____ก็ได้ครับ 우리는 가끔 질 때도 있습니다.

③ _____นี้ยี่ห้ออะไรคะ 이 골프채는 무슨 브랜드예요?

④ พ่อเคยเป็น_____ตอนวัยหนุ่มครับ 아빠는 젊었을 때 음악가였습니다.

⑤ ทุกคนก็อยาก_____เพราะครับ

모든 사람들은 노래를 잘 부르고 싶어합니다.

⑥ ขึ้นบน_____แล้วตื่นเต้นตลอดเลยครับ

무대 위에 서게 되면 항상 긴장됩니다.(떨립니다)

쉬어가기 태국인도 자주 틀리는 태국어 단어

• 주어진 의미와 발음에 해당하는 올바른 태국어에 ○표시 한 다음 따라 써 보세요.

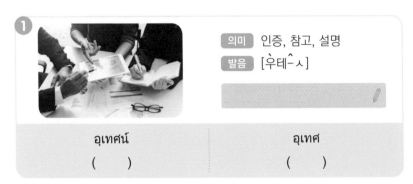

1

의미 인증, 참고, 설명

발음 [우테-ㅅ]

อุเทศน์	อุเทศ
( )	( )

2

의미 (우발적)사고

발음 [우밧띠헤-ㅅ]

อุบัติเหต	อุบัติเหตุ
( )	( )

3

의미 사고

발음 [우밧띠까-ㄴ]

อุบัติการ	อุบัติการณ์
( )	( )

정답 **1** อุเทศ **2** อุบัติเหตุ **3** อุบัติการณ์

☐ ผู้หญิง	**ห้องเรียนเรามีผู้หญิงสี่สิบคนค่ะ** 우리 반에는 여자가 40명입니다.	여성, 여자
☐ ผู้ชาย	**ผู้ชายต้องเข้มแข็งและปกป้องผู้หญิง ครับ** 남자는 강해야 하고 여자를 보호해야 합니다.	남성, 남자
☐ ไป	**ไปไหนกันหมดแล้วคะ** 다들 어디 갔어요?	가다
☐ มา	**จะมาหาฉันตอนไหนคะ** 저를 보러 언제 오실 거예요?	오다
☐ เปิด	**เปิดฝาให้หน่อยค่ะ ฉันเจ็บมือ** 뚜껑 좀 열어 주세요. 저 손이 아파요.	열다, 켜다
☐ ปิด	**ปิดประตูดี ๆ นะครับ ไม่งั้นเดี๋ยวยุงเข้า มา** 문 잘 닫으세요. 안 그러면 모기가 들어올 거예요.	닫다, 끄다
☐ เข้า	**เข้ามาเร็ว ๆ อย่าเปียกฝนค่ะ** 비에 젖지 말고 어서 빨리 들어오세요.	들어가다, 진입하다
☐ ออก	**ทางนี้ทางออกไม่ใช่เหรอครับ** 이 쪽이 출구 아니었나요?	나가다, 나 오다, 출발 하다
☐ คืน	**ค่ำคืนนี้เหงาเป็นพิเศษค่ะ** 오늘 밤은 유난히 외롭습니다.	밤, 돌려주 다(갚다)

☐ วัน	วันนี้เป็นวันตีพิมพ์หนังสือภาษาไทยเล่มใหม่ครับ 오늘은 새 태국어 교재가 출간되는 날입니다.	낮, 요일, 일
☐ ไกล	เชียงใหม่อยู่ไกลจากกรุงเทพค่ะ 치앙마이는 방콕에서 멉니다.	멀다, (거리가)떨어지다
☐ ใกล้	ถ้ามองใกล้ ๆ ก็จะเห็นได้อย่างหวุดหวิดครับ 가까이서 바라보면 겨우(간신히) 보입니다.	가깝다
☐ นั่ง	ทุกคนเชิญนั่งค่ะ 모두 앉아 주세요.	앉다, (교통수단)타다
☐ ยืน	ถ้ามีเสียงเพลงชาติไทยดังขึ้น คนไทยทุกคนจะหยุดกิจกรรมของตัวเองแล้วยืนตรง 태국 애국가가 울려 퍼지면 모든 태국인들은 자신들이 하던 활동을 멈추고 똑바로 섭니다.	서다, 오래되다
☐ เร็ว	เวลาผ่านไปเร็วกว่าที่คิดนะครับ 시간이 생각보다 빨리 지나갔습니다.	빠르다, 신속하다, 일찍
☐ ช้า	รถคันนี้ช้าเหมือนเต่าค่ะ 이 차는 거북이처럼 느립니다.	느리다
☐ ใน	ในโรงเรียนมีครูกี่คนครับ 학교에 선생님이 몇 분 계십니까?	~안에, 안(의), 내부의

☐ นอก	นักเรียนคนนี้เป็นนักเรียนนอกค่ะ 이 학생은 유학생입니다.	~밖에, ~ 외의, 바깥 의
☐ บน	แม่กับพ่อดูทีวีอยู่ชั้นบนครับ 엄마와 아빠는 위층에서 TV를 보고 계십니다.	위(에)
☐ ล่าง	พี่ชายนอนอยู่ชั้นล่างค่ะ 오빠는 아래층에서 자고 있습니다.	아래(층), 밑
☐ เหนือ	เกาหลีใต้เสนอช่วยเกาหลีเหนือฟื้น เศรษฐกิจครับ 남한은 북한의 경제 회복을 돕겠다고 제의했습니다.	위, 북쪽
☐ ใต้	เกาหลีใต้มีประชากรน้อยกว่าอินเดียค่ะ 남한은 인도보다 인구가 적습니다.	아래, 남쪽
☐ ตะวันออก	พายุไต้ฝุ่นพัดถล่มชายฝั่งตะวันออก ครับ 태풍이 동해안을 강타했습니다.	동, 동방의
☐ ตะวันตก	ทิศตะวันตกเป็นทิศที่พระอาทิตย์ตกค่ะ 서쪽은 해가 지는 방향입니다.	서, 서방의
☐ ถูก	อาหารราคาถูกไม่ใช่ว่าจะไม่อร่อยนะ ครับ 음식 가격이 싸다고 맛이 없는 것이 아닙니다.	(가격이)싸 다, 옳다, ~당하다 (수동)
☐ แพง	ช่วงนี้ค่าครองชีพแพงมากค่ะ 요즘 물가가 너무 비쌉니다.	비싸다

| ☐ ร้อน | ผมคิดว่าจะไม่มีประเทศไหนร้อนกว่าไทยแล้วครับ | 뜨겁다, 덥다 |
| | 태국보다 더 더운 나라는 없다고 생각합니다. | |

| ☐ หนาว | ใส่เสื้อผ้าบาง ๆ แล้วหนาวค่ะ | 춥다 |
| | 옷을 얇게 입었더니 춥네요. | |

| ☐ ตื่น | ตื่นสายแต่โชคดีที่ไปโรงเรียนทันได้เวลา | (잠에서)깨다, 일어나다 |
| | 늦었지만 학교에 제때 갈 수 있어서 다행입니다. | |

| ☐ นอน | นอนไม่หลับทำยังไงดีครับ | 눕다, 자다 |
| | 잠이 안 오는데 어쩌죠? | |

| ☐ หิว | เพิ่งกินข้าวไปเมื่อกี๊เอง หิวอีกแล้วค่ะ | 배고프다 |
| | 방금 전에 밥을 먹었는데 또 배가 고파요. | |

| ☐ อิ่ม | ตอนไปบุฟเฟ่ต์ต้องกินให้อิ่มครับ | 배부르다, 가득차다 |
| | 뷔페에 가면 배부르게 먹어야 합니다. | |

| ☐ เก่า | บ้านเก่าได้รับการปรับปรุงใหม่ค่ะ | 낡다, 오래되다 |
| | 오래된 집이 새로 리모델링 되었습니다. | |

| ☐ ใหม่ | อย่ายอมแพ้และเริ่มต้นใหม่ครับ | 새롭다, 새로, 다시 |
| | 포기하지 마시고 새롭게 시작하세요. | |

| ☐ ขึ้น | ลิฟต์กำลังขึ้นค่ะ | 올라가다, 타다, 오르다 |
| | 엘리베이터가 올라가고 있습니다. | |

☐ ลง	**เดี๋ยวผมจะลงสถานีนี้นะครับ** 저는 곧 이 역에서 내릴 거예요.	내려가다, 내리다
☐ ใหญ่	**มือหนูใหญ่กว่าพ่อแล้วค่ะ** 제 손이 아빠 손보다 커요.	크다, 주요 하다
☐ เล็ก	**เท้าเธอเล็กเหมือนของเด็กเลยครับ** 그녀의 발은 아기의 발처럼 작습니다.	작다, 조그 맣다
☐ มาก	**ถ้าโลภมาก ความสุขก็จะหายไปค่ะ** 욕심이 많으면 행복이 사라질 거예요.	많다, 매 우, 많이
☐ น้อย	**ทำไมวันนี้มีคนมากันน้อยจังครับ** 오늘 사람들이 왜 이렇게 적게 오셨어요?	적다, 작다
☐ ซ้าย	**เดินตรงไปแล้วเลี้ยวซ้ายค่ะ** 직진하셔서 좌회전하세요.	왼(쪽)
☐ ขวา	**เจอไฟจราจรแล้วเลี้ยวขวาครับ** 신호등을 발견하고 나서 우회전하세요.	오른(쪽)
☐ อ้วน	**อ้วนแบบนี้จะวิ่งได้เหรอคะ** 이렇게 살이 쪘는데 달릴 수 있으세요?	뚱뚱하다, 살찌다
☐ ผอม	**แม่ผอมกว่าพ่อครับ** 엄마는 아빠보다 마르셨습니다.	마르다, 날 씬하다

☐ สูง	**ฉันเปรียบเทียบความสูงกับเพื่อนค่ะ** 저는 친구하고 키를 대(비교해) 보았습니다.	높다, 키가 크다
☐ ต่ำ	**คนไทยถือว่าเหี้ยเป็นสัตว์ชั้นต่ำครับ** 태국 사람들은 큰 도마뱀을 천한 동물로 여깁니다.	낮다, (키 가)작다, 비천하다
☐ หนัก	**ดัมเบลหนักไป ระวังเจ็บตัวนะคะ** 덤벨이 무거우니 다치지 않게 조심하세요.	무겁다, 중 하다
☐ เบา	**ตัวเบาเหมือนขนนกเลยครับ** 몸이 새의 깃털처럼 가볍습니다.	가볍다, (소리 따위 를)줄이다, 감소하다
☐ หนา	**แผ่นเหล็กหนาสามารถกันกระสุนได้ค่ะ** 두꺼운 철판은 방탄이 가능합니다.	두껍다, 꽉 차다
☐ บาง	**ทำไมหนังสือบางจังล่ะครับ** 책이 왜 이렇게 얇아요?	얇다, 몇몇 의, 일부
☐ เข้ม	**คิ้วเธอเข้มกว่าคิ้วผู้ชายทั่วไปอีกค่ะ** 그녀의 눈썹은 일반 남성의 눈썹보다 더 진합니다.	강하다, 세 다, (색이) 진하다
☐ อ่อน	**ท้องฟ้าสีฟ้าอ่อนสวยดีนะคะ** 옅은 푸른 하늘이 예쁘네요.	연하다, 약 하다, 부드 럽다
☐ สุก	**อย่าเพิ่งกิน ยังไม่สุกเลยครับ** 아직 먹지 마세요. 아직 안 익었어요.	(잘)익다, 성숙하다

| □ ดิบ | **ผมชอบกินปลาดิบครับ**
저는 생선회를 좋아합니다. | 날것이다,
(과일, 밥
등이)덜 익
다 |

| □ สุข | **เวลาฉันอยู่กับคุณฉันก็มีความสุขค่ะ**
저는 당신과 함께 있을 때 행복합니다. | 행복하다,
안락하다 |

| □ ทุกข์ | **คนมีความทุกข์ดูสีหน้าก็ดูออกแล้วครับ**
고통에 처한 사람들은 표정으로 드러납니다. | 고통, 불행
하다 |

| □ ตรง | **พูดตรง ๆ อย่าพูดอ้อมสิคะ**
빙빙 돌려 말하지 말고 똑바로 말 하세요. | 곧장, 똑바
로, 정직하
다 |

| □ โค้ง | **ต้องขับรถอย่างระมัดระวังบนทางโค้ง**
ครับ
커브길에서는 조심해서 운전해야 합니다. | 굽(어지)
다, 휘(어
지)다 |

| □ หัวเราะ | **คนที่ชนะคือคนที่ได้หัวเราะตอนสุดท้าย**
ค่ะ
승리자는 바로 마지막에 웃게 되는 사람입니다. | (소리내어)
웃다 |

| □ ร้องไห้ | **ร้องไห้ทำไมนะลูก**
얘야, 왜 우니? | 울다 |

| □ สว่าง | **แสงแดดจากพระอาทิตย์สว่างมากค่ะ**
햇빛이 너무 밝습니다. | (빛, 조명
등이)밝다,
환하다 |

| □ มืด | **เปิดไฟหน่อยครับ ห้องมืดมากครับ**
불 좀 켜 주세요. 방이 너무 어둡습니다. | 어둡다 |

☐ สกปรก	**ไม่ควรถูตาด้วยมือสกปรกครับ** 더러운 손으로 눈을 비비면 안 됩니다.	더럽다, 추 잡하다
☐ สะอาด	**ครอบครัวฉันทำความสะอาดครั้งใหญ่ ทุกวันอาทิตย์ค่ะ** 우리 가족은 일요일마다 대청소를 합니다.	깨끗하다, 청결하다
☐ ดี	**ถ้าคุณทำตัวดีเดี๋ยวก็มีเรื่องดี ๆ เข้ามา เองครับ** 당신이 선한 행동을 하면 좋은 일이 저절로 생길 거예 요.	좋다, 뛰어 나다, 잘
☐ ร้าย	**ถ้ามีตัวเอกก็ต้องมีตัวร้ายด้วยค่ะ** 주인공이 있으면 악당도 있기 마련입니다.	나쁘다, 잔 인하다, 흉 악하다
☐ ได้เปรียบ	**เขาอยู่ในฐานะที่ได้เปรียบครับ** 그가 유리한 고지에 있어요.(칼자루를 쥐었어요)	유리하다, 우위를 점 하다
☐ เสียเปรียบ	**ฝ่ายเราเสียเปรียบมากกว่าค่ะ** 우리 편이 더 불리해요.	불리하다
☐ เปียก	**เปียกฝนมา เสื้อเปียกหมดเลยครับ** 비를 맞아서(비에 젖어서) 옷이 다 젖었어요.	(물에)젖 다, 적시다
☐ แห้ง	**ห้องแห้งก็เลยเปิดเครื่องทำความชื้นค่ะ** 방이 건조해서 가습기를 틀었어요.	마르다, 건 조하다
☐ ขี้เกียจ	**น้องชายเป็นคนขี้เกียจแต่พี่ชายเป็นคน ขยันครับ** 남동생은 게으르지만 형은 부지런합니다.	게으르다

☐ ขยัน	**คนที่ขยันขันแข็งไม่มีวันจะตกอับ แน่นอนค่ะ** 부지런한 사람은 절대 곤경(역경)에 처하는 날이 오지 않을 겁니다.	부지런하 다, 열심히 ~하다
☐ หนุ่ม	**เด็กหนุ่มพวกนี้ทำงานดึกจริง ๆ ครับ** 이 젊은이들은 정말 활기차게(열심히) 일합니다.	청년, 젊은 남자
☐ แก่	**ยิ่งเราโตขึ้น พ่อแม่เราก็จะแก่ลงค่ะ** 우리가 자랄수록 우리 부모님은 늙어갈 거예요.	(과일 등 이)익다, 성숙하다, 늙다
☐ ตื้น	**สระว่ายน้ำสำหรับเด็กน้ำจะตื้นมากครับ** 어린이 전용 수영장은 물이 매우 얕습니다.	얕다, 피상 적이다
☐ ลึก	**ทะเลที่ลึกจะมองไม่เห็นถึงก้นทะเลค่ะ** 심해에서는 해저가 보이지 않습니다.	깊다, 심오 하다
☐ สั้น	**ดินสอแท่งนี้สั้นมากครับ** 이 연필은 매우 짧습니다.	짧다
☐ ยาว	**ฉันมาอยู่ไทยระยะยาวค่ะ** 저는 태국에 장기 체류 중입니다.	길다, 오래 다
☐ สั่น	**หนาวจนมือไม้สั่นไปหมดแล้วครับ** 손이 덜덜 떨릴 정도로 춥습니다.	떨리다, 진 동하다, 흔 들(리)다

☐ นิ่ง	ทหารคนนั้นยืนนิ่งเป็นชั่วโมงเลยค่ะ 그 병사는 한 시간 동안 꼼짝 않고 서 있었습니다.	(꼼짝 않 고)가만히 있다, 움직 이지 않다
☐ ฉลาด	คนฉลาดมักจะจัดตารางเวลาเป็น ระเบียบครับ 영리한 사람들은 일정을 체계적으로 잘 짭니다.	똑똑하다, 영리하다
☐ โง่	จริง ๆ แล้วควายไม่ได้โง่นะคะ 사실 물소는 어리석지 않습니다.	멍청하다, 어리석다
☐ หอม	น้ำหอมแบรนด์อะไรครับ หอมมากเลย ครับ 향수 브랜드가 뭐예요? 향이 정말 좋아요.	향기롭다
☐ เหม็น	ถุงเท้าพ่อเหม็นมากค่ะ 아빠의 양말 냄새가 너무 고약해요.	(냄새가)고 약하다, 악 취가 나다
☐ ยืด	ฉันยืดเส้นยืดสายทุกเช้าครับ 저는 매일 아침 스트레칭을 합니다.	(길이 등 이)늘어나 다, 연장하 다
☐ หด	เวลาเราไปแตะตาของปู ตาจะหดเข้าไป ค่ะ 우리가 게의 눈을 만질 때 (게의) 눈이 작아집니다.	오므라들 다, 수축하 다, 밀지다
☐ รวย	คนรวยไม่ได้หมายความว่าจะมีความ สุขครับ 부자라고 해서 행복하다는 것은 아닙니다.	부자이다

คำศัพท์	ประโยคตัวอย่าง	ความหมาย
☐ จน	**คนจน**ไม่ได้หมายความว่าจะไม่มีความสุขค่ะ 가난한 사람이라고 해서 불행하다는 것은 아닙니다.	가난(빈곤)하다
☐ ง่าย	**ถ้าเราชอบอะไร เราก็จะรู้สึกว่าง่าย**ได้ครับ 우리가 무언가를 좋아한다면 쉽다고 느낄 수 있습니다.	쉽다
☐ ยาก	**ภาษาไทยยาก**แต่สนุกมากค่ะ 태국어는 어렵지만 매우 재미있습니다.	어렵다, 곤란하다
☐ แหลม	**เหลาดินสอให้แหลม**นะครับ 연필을 뾰족하게 깎으세요.	뾰족하다, 날카롭다, 예리하다
☐ ทู่	**นักเรียนประถมไม่ชอบใช้ดินสอทู่**ๆค่ะ 초등학생들은 (끝이)뭉툭한 연필 쓰는 것을 싫어합니다.	무디다, 뭉툭하다
☐ ประหยัด	**คนเราต้องรู้จักออมรู้จักประหยัด**ครับ 사람은 저축할 줄도 절약할 줄도 알아야 합니다.	아끼다, 절약하다
☐ ฟุ่มเฟือย	**อย่าใช้เงินฟุ่มเฟือย หัดออมบ้าง**ค่ะ 돈을 낭비하지 말고 저축을 좀 하세요(배우세요).	사치(낭비)하다, 풍부(부유)하다
☐ ปัก	**มีดินสอปัก**อยู่ที่สนามทรายครับ 모래밭에 연필이 꽂혀 있습니다.	꽂다, 박다
☐ ถอน	**ถอนฟัน**มาเมื่อวาน หน้าบวมเลยค่ะ 어제 이빨을 뽑았는데 얼굴이 부었어요.	뽑다, 취소하다, (돈을)인출하다

| บุญ | วันพระต้องทำบุญตักบาตรครับ | 공덕, 선행, 복 |
| | 불교일에는 선을 행하고 공덕을 쌓아야 합니다. | |

| บาป | ทำบาปต้องตกนรกแน่ ๆ เลยค่ะ | 죄, 죄악 |
| | 죄를 지으면 반드시 지옥에 갈 거예요. | |

| คุณ | การกินผักมีคุณประโยชน์มากมายครับ | 당신, 은혜, 공덕, 효과 |
| | 야채를 섭취하는 것은 매우 유익합니다. | |

| โทษ | อย่าโทษคนอื่นสิคะ | 형벌, 죄, 해, 나무라다(탓하다) |
| | 다른 사람을 탓하지 마세요. | |

| มิตร | เขาดูไม่เป็นมิตรเลยครับ | 친구, 벗 |
| | 보아하니 그는 비우호적인 것 같습니다. | |

| ศัตรู | เครื่องบินลาดตระเวนสังเกตความเคลื่อนไหวของศัตรูค่ะ | 원수, 적 |
| | 정찰기가 적의 동태를 살폈습니다. | |

1 다음 단어와 반대 의미를 연결하세요.

① ผู้หญิง •　　　　　　　• ใกล้

② เปิด　•　　　　　　　• เร็ว

③ ไกล　•　　　　　　　• มืด

④ ช้า　•　　　　　　　• ปิด

⑤ สว่าง •　　　　　　　• ผู้ชาย

2 다음 단어와 반대 의미를 써 보세요.

① สกปรก　　　(　　　　　)

② เสียเปรียบ　(　　　　　)

③ ขี้เกียจ　　　(　　　　　)

④ สั้น　　　　（　　　　　)

⑤ โง่　　　　　(　　　　　)

3 괄호에 들어갈 알맞은 단어를 써 보세요.

① 저는 매일 아침 스트레칭을 합니다.

　ฉัน(　　　　　)เส้น(　　　　　　　)สายทุกเช้าครับ

② 태국어는 **어렵**지만 매우 재미있습니다.

　ภาษาไทย(　　　　　)แต่สนุกมากค่ะ

③ 모래밭에 연필이 **꽂혀** 있습니다.

　มีดินสอ(　　　　　)อยู่ที่สนามทรายครับ

④ 다른 사람을 **탓하**지 마세요.

　อย่า(　　　　　)คนอื่นสิคะ

● 주어진 의미와 발음에 해당하는 올바른 태국어에 ○표시 한 다음 따라 써 보세요.

1

의미 (운동)핸드볼

발음 [핸버⁻(ㄴ)]

แฮนด์บอล	แฮนด์บอลย์
( )	( )

2

의미 사안, 정황, 경우

발음 [꺼라니⁻/까라니⁻]

กรณีย์	กรณี
( )	( )

3

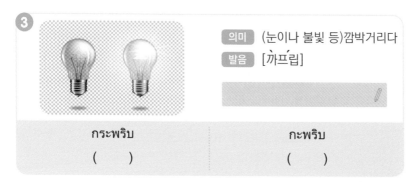

의미 (눈이나 불빛 등)깜박거리다

발음 [까프̇립]

กระพริบ	กะพริบ
( )	( )

정답 **1** แฮนด์บอล **2** กรณี **3** กะพริบ

☐ ทราบ	**ไม่แน่ใจว่าคุณทราบที่อยู่ที่นี่ไหมครับ** 혹시 당신 이곳 주소를 아십니까?	알다(경어 체)
☐ พุทรา	**หน้าบ้านเราเคยมีต้นพุทราอยู่ 3 ต้นค่ะ** 우리 집 앞에 대추나무가 세 그루 있었어요.	대추(나무)
☐ แทรก	**มีคนมาแทรกแถวตลอดเลยครับ** 자꾸 끼어드는 사람이 있어요.(누가 자꾸 끼어들어요.)	끼어들다
☐ อักษร	**ตัวอักษรเกาหลีเป็นตัวอักษรที่สวยงาม ที่สุดค่ะ** 한글은 가장 아름다운 글자입니다.	글자, 문자
☐ ละคร	**ละครเรื่องนี้นางเอกสวยมากครับ** 이 드라마는 여주인공이 엄청 예뻐요.	연극, 드라 마
☐ สุนทร	**เขาได้รับรางวัลในการประกวด สุนทรพจน์ค่ะ** 그는 웅변대회에서 상을 받았어요.	언어, (소 리가)곱다
☐ วิศวกร	**เพื่อนสมัยเด็กของฉันตอนนี้เป็นวิศวกร ครับ** 제 어릴 적 친구가 지금은 엔지니어입니다.	엔지니어, 기사
☐ เกษตรกร	**คุณตามีอาชีพเป็นเกษตรกรค่ะ** 할아버지께서는 농민이십니다.	농부, 농민
☐ จิตรกร	**ความฝันของผมในวัยเด็กคือจิตรกร ครับ** 어릴 적 저의 꿈은 화가였습니다.	화가, 미술 가

☐ บรรทุก	รถกระบะคันนี้สามารถบรรทุกของได้สองร้อยกิโลกรัมค่ะ 이 픽업트럭은 200킬로그람의 짐을 실을 수 있습니다.	적재하다, 싣다
☐ บรรลุ	เด็กวัยรุ่นที่ยังไม่บรรลุนิติภาวะควรมีผู้ปกครองให้คำปรึกษาครับ 미성년 청소년들은 조언을 해 줄 보호자가 있어야 합니다.	도달하다, 이르다
☐ บรรจุ	ขวดนี้บรรจุน้ำได้ 2 ลิตรค่ะ 이 병은 2리터의 물을 채울 수 있습니다.	채우다, 임 용하다
☐ บรรเทา	ยาเม็ดนี้สามารถบรรเทาอาการปวดได้ครับ 이 알약은 통증을 완화시킬 수 있습니다.	완화(경감) 하다, 진정 시키다
☐ บรรเลง	ผู้ชายคนนั้นสามารถบรรเลงเปียโนได้ค่ะ 그 남자는 피아노 연주를 할 수 있습니다.	(악기로)연 주하다
☐ กรรไกร	ยืมกรรไกรหน่อยครับ 가위 좀 빌려주세요.	가위
☐ สร้างสรรค์	เธอเป็นคนที่มีความคิดสร้างสรรค์ครับ 그녀는 창의적인 사고를 하는 사람입니다.	창조(건설) 하다, 창의 적이다
☐ ครรภ์	การดูแลขณะตั้งครรภ์เป็นสิ่งสำคัญที่สุดค่ะ 임신 중 관리가 가장 중요합니다.	태아, (임 산부의)배

☐ มหัศจรรย์	เป็นเรื่องมหัศจรรย์ที่เราได้พบกันครับ 우리가 만나게 된 것은 신기한 일이에요.	신기(신비, 신통)하다, 기적이다
☐ ธรรมชาติ	มนุษย์ทำลายธรรมชาติที่งดงามค่ะ 인간들이 아름다운 자연을 파괴합니다.	자연, 천연
☐ ธรรมดา	เรื่องนั้นเป็นเรื่องธรรมดาครับ 그 일은 흔한(평범한) 일이에요.	보통, 일 반, 평범
☐ รัฐธรรมนูญ	รัฐธรรมนูญฉบับแรกถูกเขียนเมื่อปีหนึ่ง พันสองร้อยสิบห้าค่ะ 최초의 헌법은 1215년에 쓰여졌습니다.	헌법
☐ มรดก	ประเทศไทยมีมรดกโลกหลายอย่างมาก เลยครับ 태국에는 여러가지의 많은 세계 유산이 있습니다.	유산
☐ ทรมาน	สมัยก่อนใช้วิธีทรมานเพื่อเอาข้อมูล จากศัตรูค่ะ 옛날에는 적으로부터 정보를 얻기 위해 고문하는 방법 을 사용했어요.	학대하다, 괴롭히다, 고통스럽 다
☐ อรไท	อรไทแปลว่านางผู้เป็นใหญ่หรือนางผู้มี สกุลครับ '어라타이'는 권위있는 여성이나 가문이 있는 여성을 의미합니다.	명문가의 규수, 여주 인
☐ บริษัท	บริษัทของพ่อมีพนักงานสามร้อยคนค่ะ 아빠의 회사에는 직원이 300명 있습니다.	회사

บริการ	ขอบคุณที่ใช้บริการของธนาคารเราครับ	서비스(하다)
	저희 은행의 서비스를 이용해 주셔서 감사합니다.	
บริหาร	มูลนิธินั้นบริหารโรงเรียนหลายแห่งค่ะ	경영(관리)하다, 행정하다
	그 재단은 여러 학교를 운영하고 있습니다.	
บริเวณ	บริเวณนี้มีร้านสะดวกซื้อไหมครับ	주위, 근처, 주변
	이 근처에 편의점이 있나요?	
บริสุทธิ์	นักการเมืองยืนยันว่าเขาบริสุทธิ์ค่ะ	순수(순결, 청결)하다
	정치인은 자신이 순수하다고 주장했다.	
บริบูรณ์	ปีนี้ผมอายุยี่สิบปีบริบูรณ์ครับ	완전하다, 충족하다
	저는 올해 만 스무 살입니다.	

1 다음 중 '알다(경어체)'에 해당하는 올바른 단어를 고르세요.

① ทารบ　　　② ซาบ　　　③ ทราบ　　　④ ส้าบ

2 다음 중 '끼어들다'에 해당하는 올바른 단어를 고르세요.

① แทรก　　　② แซรก　　　③ เทรก　　　④ แทรถ

3 다음 중 '도달하다, 이르다'에 해당하는 올바른 단어를 고르세요.

① บรรสุ　　　② บรรลุ　　　③ บรรจุ　　　④ บรรนุ

4 다음 중 '줄이다, 완화하다'에 해당하는 올바른 단어를 고르세요.

① บรรทาว　　② บรรเท้า　　③ บันเทา　　④ บรรเทา

5 다음 중 '자연'에 해당하는 올바른 단어를 고르세요.

① ธามชาติ　　② ธรรนชาติ　　③ ธรรมชาต　　④ ธรรมชาติ

6 다음 중 '서비스'에 해당하는 올바른 단어를 고르세요.

① บอริการ　　② บริการ　　③ บริกาล　　④ บริกาน

7 다음 중 '경영(관리)하다'에 해당하는 올바른 단어를 고르세요.

① บริหาร　　② บริหาล　　③ บริหาน　　④ บรีหาร

8 다음 중 '순수(순결)하다'에 해당하는 올바른 단어를 고르세요.

① บริสุทธิ　　② บริสุทธ　　③ บริสุทธิ์　　④ บริสุธิ์

정답

1 ③　**2** ①　**3** ②　**4** ④　**5** ④　**6** ②　**7** ①　**8** ③

● 주어진 의미와 발음에 해당하는 올바른 태국어에 ○표시 한 다음 따라 써 보세요.

1

의미 채찍질하다, (전의)속도를 내다

발음 [키-얀]

เฆี่ยน	เคี่ยน
( )	( )

2

의미 (승려가) 산책하다

발음 [쫑끄롬]

จงกลม	จงกรม
( )	( )

3

의미 (곤충)매미

발음 [짝까짠]

จักจั่น	จั๊กจั่น
( )	( )

정답 **1** เฆี่ยน　**2** จงกรม　**3** จักจั่น

부록

- 주요 동음이형 단어

☐ การ	**การกิน**เป็นสิ่งจำเป็นของสิ่งมีชีวิตค่ะ 먹는 것은 생명이 있는 것들에게 필수적인 것입니다.	일, 업무, ~하는 것
☐ กาล [까̄-ㄴ]	**กาล**เวลาไม่เคยรอคอยนะครับ 세월은 기다려 준 적이 없습니다.(기다려 주지 않습니다)	시간, 시제
☐ การณ์	เหตุ**การณ์**นี้เป็นบทเรียนกับหลายคนนะคะ 이 사건은 많은 사람들에게 교훈이 됩니다.	사건, 상황, 사정
☐ เกียด	รัสเซียตั้งรถถังไว้ที่พรมแดนเพื่อ**เกียด**กันอำนาจยูเครนครับ 러시아는 우크라이나의 패권을 막기 위해 국경에 탱크를 배치하였다.	방해하다, 가로막다
☐ เกียจ [끼̀-얏]	คนที่ว่างแล้วไม่ทำอะไรเป็นคนขี้**เกียจ**ค่ะ 한가한데 아무것도 하지 않는 사람은 게으른 사람이에요.	태만하다, 게으르다
☐ เกียรติ	ท่านผู้มี**เกียรติ**ทุกท่าน กรุณาเดินไปที่บันไดหนีไฟครับ 신사 숙녀 여러분, 화재 대피소로 걸어가시기 바랍니다.	존경, 영예

☐ เกษียน	ข้อความบนหนังสือราชการที่เขียนแทรกเรียกว่าหัวเกษียนค่ะ 공문서에 삽입된 내용은 '주석'이라고 부릅니다.	보충하여 쓰다, 주석 을 달다

☐ เกษียร	เกษียรสมุทรแปลว่าทะเลน้ำนมครับ '유해(乳海)'는 우유바다를 의미합니다.	(문어체) 우 유, 젖
☐ เกษียณ	คุณตาเกษียณงานมานานแล้วค่ะ 할아버지는 은퇴하신 지 오래 되셨어요.	정년이 되 다

☐ ข้า	ข้าคือผู้มีอำนาจแห่งอาณาจักรสุโขทัย 나는 수코타이 제국의 권력자이다.	〈고어〉본 인, 나(1인 칭대명사)

☐ ค่า	ความดีเป็นสิ่งมีคุณค่าที่สุดค่ะ 선함은 가장 가치있는 것입니다.	가치, 비용
☐ ฆ่า	เกิดเหตุฆ่ากันด้วยปืนที่โรงเรียนครับ 학교에서 총기난사 사건이 발생했습니다.	죽이다, 살 해하다

☐ ขี้

คนเลี้ยงหมาต้องเก็บขี้หมาที่หมาตัวเองขี้ด้วยนะคะ

개를 키우는 사람은 개가 싼 똥을 치워야 합니다.

변, 대변

[키^-]

☐ คี่

คนไทยไม่จัดงานแต่งงานในเดือนคี่ครับ

태국 사람들은 홀수달에 결혼식을 하지 않습니다.

홀수의

☐ เขี้ยว

เขี้ยวสิงโตยาวกว่านิ้วเราอีกค่ะ

사자의 송곳니가 우리 손가락보다 더 길어요.

송곳니

[키-^여우]

☐ เคี่ยว

เคี่ยวน้ำเชื่อมดี ๆ ไม่งั้นจะไหม้หมดนะครับ

시럽을 잘 졸이지 않으면 다 타버릴 거예요.

(오랫동안)
바짝 졸이
다

☐ คัน

คันหลังแต่เกาไม่ถึง เกาให้หน่อยได้ไหมคะ

등이 가려운데 닿지 않아요. 좀 긁어주실 수 있으세요?

가렵다

[칸^]

☐ ครรภ์

ภารยาผมตั้งครรภ์ได้ 3 เดือนแล้วครับ

제 아내는 임신한 지 3개월 되었습니다.

태아, 임신

	☐ น่า	**มีเรื่องอะไรน่าสนใจไหมครับ** 무슨 흥미로운 일(이라도) 있어요?	~스럽다
[นา̂-]			
	☐ หน้า	**ใบหน้าเธอสวยเหมือนดอกไม้เลย** **ครับ** 그녀의 얼굴은 꽃처럼 아름답습니다.	얼굴

	☐ เล่า	**เดี๋ยววันหลังจะมาเล่าให้ฟังค่ะ** 나중에 들려드릴게요.	말하다, 얘 기하다
[เลา̂]			
	☐ เหล้า	**เขาดื่มเหล้ามากเป็นนิสัยค่ะ** 그는 습관적으로 음주를 많이 합니다.	술

	☐ รถ	**รถคันนี้สีชมพูครับ** 이 차는 분홍색입니다.	자동차
[โรด́]			
	☐ รส	**น้องกินอาหารรสเปรี้ยวไม่ได้ค่ะ** 동생은 신 맛의 음식을 먹지 못합니다.	맛

[롯]	☐ รด	**รด**น้ำต้นไม้หน้าบ้านหน่อยนะลูก 얘야 집 앞에 있는 나무에 물 좀 주렴.	물을 주다 (대다)
[마이]	☐ ไม่	**คนไม่**สามารถบินด้วยตนเองได้ค่ะ 사람은 스스로 날 수 없습니다.	~이 아니다
	☐ ไหม้	**บ้านเพื่อนไหม้**หมด เนื่องจากมีฟ้าผ่า ลงมาที่บ้านครับ 집에 번개가 내리쳐서 친구 집이 전소됐습니다.	타다, 태우 다
[만]	☐ หมั้น	**พี่ชายหนูจะหมั้น**กับแฟนที่คบกันมา สามปีค่ะ 우리 오빠는 3년 동안 사귀어 온 여자친구와 약혼 할 거예요.	약혼하다
	☐ มั่น	**ผมเป็นคนมีความมั่น**ใจค่อนข้างสูง ครับ 저는 자신감이 높은(강한) 편인 사람입니다.	확실하다, 견고하다
[바ㅅ]	☐ บาท	**ค่าเงินของไทยคือบาท**ค่ะ 태국의 통화는 바트입니다.	바트(bath)

294

[밧]	☐ บาด	ระวังมีดบาดมือเวลาทำอาหารนะครับ 요리할 때 칼이 손을 베는 것에(손이 베이지 않게) 조심하세요.	(칼 등으로) 상처를 내다
	☐ บาตร	พระถือบาตรมาตอนเช้าค่ะ 승려께서 아침에 바리를 들고 오셨습니다.	탁발, 바리
[반]	☐ บาน	ดอกไม้บานเต็มที่ในสวนครับ 정원에 꽃이 활짝 피었습니다.	(꽃이)피다, 즐겁다
	☐ บาล	รัฐบาลทำหน้าที่ปกครองประเทศค่ะ 정부는 국가를 통치하는 역할을 합니다.	통치하다, 유지하다
[쌋]	☐ สัตย์	ความซื่อสัตย์เป็นสมบัติของผู้ดีครับ 정직함은 좋은 사람의 자산이다.	충실(진실, 정직)하다
	☐ สัตว์	สัตว์เลี้ยงของคุณชื่ออะไรนะคะ 당신의 애완동물의 이름은 무엇이에요?	동물

☐ ซ่อม **ซ่อม**รถคันนี้หมดเงินไปสามหมื่น
บาทแล้วครับ
이 차를 수리하는 데 3만 바트나 들었어요.

수리하다

[썸]

☐ ส้อม **คนเกาหลีไม่ค่อยนิยมใช้ช้อน**ส้อม**ค่ะ**
한국사람은 포크를 사용하는 것을 별로 선호하지
않습니다.

포크

☐ สุก **หมูควรกินแบบ**สุก **ๆ ครับ**
돼지는 익혀서 먹어야 합니다.

잘 익다, 성
숙하다

[쑥]

☐ สุข **คุณมีความ**สุข**เวลาอยู่กับฉันไหมคะ**
당신은 저와 함께 있을 때 행복한가요?

행복하다

☐ ศูนย์ **ทีมของเขาชนะไปห้าต่อ**ศูนย์**ครับ**
그의 팀이 5대 0으로 이겼습니다.

숫자 0, 센
터

[쑤-ㄴ]

☐ สูญ **โจรขโมยทรัพย์สิน**สูญ**หายหลาย**
ล้านบาทค่ะ
강도가 재산을 훔쳐 수백만 바트를 잃었어요.

잃다, 소실
하다

[ห̂-]

□ ย่า | คุณย่าไม่สบายครับ | (친)할머니
할머니께서는 편찮으십니다.

□ หญ้า | หญ้าสนามบอลโรงเรียนเราหายไปไหนหมดคะ | 잔디, 풀
우리 학교 축구장이 어디로 다 사라졌어요?

[ช̂-]

□ ฉ้อ | เขาโดนจับข้อหาฉ้อโกงครับ | 속이다, 사기하다
그는 사기혐의로 체포되었다.

□ ช่อ | ช่อดอกไม้ของใครคะ | (꽃)다발
누구의 꽃다발이에요?

[ท̂-]

□ ถ้า | ถ้าเราเป็นคนดี เรื่องดี ๆ ก็จะตามมาครับ | 만약~라면
만약 우리가 좋은 사람이라면 좋은 일들이 따라올 거예요.

□ ท่า | ท่าเรือนี้มีเรือเข้าสม่ำเสมอค่ะ | 부두, 자세
이 항구는 배가 꾸준하게 들어옵니다.

[타오]	☐ เท่า	**ไม่มีที่ไหนดีเท่าบ้านผมครับ** 내 집보다 좋은 곳은 어디에도 없습니다.	동등하다, 배(갑절)
	☐ เถ้า	**เถ้าแก่น้อยเป็นขนมสาหร่ายชื่อดังค่ะ** '타오깨너이'는 유명한 김과자입니다.	늙다, (숯 의)재
	☐ เฒ่า	**หมู่บ้านนี้มีผู้เฒ่าอายุเยอะมากครับ** 이 마을에는 나이 든 노인들이 많습니다.	나이가 많 다, 나이 먹 다
[툭]	☐ ทุก	**ทุกคนจะมีความสุขถ้ารู้จักคิดในแง่บวกค่ะ** 긍정적인 생각을 할 줄 안다면 모두가 행복할 겁니다.	모든~, 매~
	☐ ทุกข์	**ความทุกข์เกิดจากความเครียดครับ** 고통은 스트레스로부터 비롯됩니다.	고통

[팍]

☐ พรรค | พรรคเพื่อไทยออกนโยบายที่น่าสนใจมากค่ะ
 프아타이당은 매우 흥미로운 정책을 내놓았습니다. | 정당, 무리

☐ พัก | คุณหาที่พักได้หรือยังครับ
 당신은 숙소를 알아보셨나요? | 쉬다

[파-ㄱ]

☐ พากย์ | หนูเคยพากย์เสียงหนังค่ะ
 저는 영화 더빙을 한 적이 있습니다. | 저, 머리카락

☐ ภาค | เราเป็นคนภาคกลางครับ
 우리는 중부 출신입니다(중부 사람입니다) | 부, 지구, 부분

[팟]

☐ พัด | วันนี้อากาศดีมีลมพัดเย็นสบายค่ะ
 오늘은 선선한 바람이 불어서 날씨가 좋습니다. | 부채, (바람)불다

☐ ภัต | ภัตตาคารริมน้ำมีคนต่อคิวยาวมากครับ
 물가에 있는 레스토랑에 사람들이 길게 줄을 서 있습니다. | 밥, 음식

[프̂응]	☐ พึ่ง	**เมื่อยายแก่แล้วก็ต้องพึ่งลูกหลานค่ะ** 할머니께서 늙으면 자손들에게 의지해야 해요.	의지하다, 방금~하다
	☐ ผึ้ง	**ระวังโดนผึ้งต่อยนะครับ** 벌이 쏘는 것에 조심하세요.(쏘이지 않게 조심하세요)	벌(곤충)
[하̆-ㄴ]	☐ หาร	**สี่หารสองเท่ากับสองค่ะ** 4 나누기 2는 2 입니다.	나누다
	☐ หาญ	**ผู้ชายต้องมีความกล้าหาญครับ** 남자는 용기가 필요합니다.	용감하다, 과감하다

300

NOTE

착! 붙는 태국어 단어장

초판인쇄	2024년 3월 20일
초판발행	2024년 3월 27일
저자	피무(이환민)
편집	김아영, 권이준, 임세희
펴낸이	엄태상
디자인	권진희, 공소라
표지 일러스트	eteecy
조판	이서영
콘텐츠 제작	김선웅, 조현준, 장형진
마케팅 본부	이승욱, 왕성석, 노원준, 조성민, 이선민
경영기획	조성근, 최성훈, 김다미, 최수진, 오희연
물류	정종진, 윤덕현, 신승진, 구윤주
펴낸곳	시사북스
주소	서울시 종로구 자하문로 300 시사빌딩
주문 및 문의	1588-1582
팩스	0502-989-9592
홈페이지	http://www.sisabooks.com
이메일	book_etc@sisadream.com
등록일자	1977년 12월 24일
등록번호	제2014-000092호

ISBN   978-89-402-9397-3 13730